KAWADE
夢文庫

東京メトロ
知られざる超絶！世界

渡部史絵

河出書房新社

時代とともに進化していく東京メトロ——まえがき

経済大国日本。その中枢(ちゅうすう)である首都東京は、いわずと知れたオリンピック・パラリンピック２０２０大会の開催都市だ。その準備に追われる交通機関のひとつに東京メトロ（正式名称は「東京地下鉄」）がある。９路線の地下鉄路線、総延長１９５・１km（営業キロ）を擁(よう)する、東京の大動脈である。

歴史も古く、東京に地下鉄が誕生したのは１９２７（昭和２）年12月30日のこと。現在の東京メトロのルーツである東京地下鉄道株式会社によって、浅草駅〜上野駅間（現在の銀座線の一部）が開業した。

日本初、東洋としても初めての地下鉄であったため、大きな話題を集め、たちまち名物となる。その後、丸ノ内線、日比谷線、東西線、千代田線、有楽町線、半蔵門線、南北線と次々に開業。２００８（平成20）年6月14日の副都心線の全線開業をもって、約80年にわたった東京の地下鉄建設がひとまず終了した。

現在の東京メトロは、地下鉄の運営を担うプロフェッショナルとして新しい取り組みを推進している。安定的な超高密度輸送を支える運輸指令や現場の職員の教育、技術の向上、安全を支える保安、利便性を向上させるためのサービスなどソフト・

ハードの両面で実施されている。

具体的には、新しい技術を取り入れた「新型車両」（千代田線用１６０００系や銀座線用１０００系など）の開発や、従来の１日乗車券を進化させた「24時間券」の発売、社員教育用に模擬路線を建設した「総合研修訓練センター」などが挙げられる。銀座線などリニューアルされた駅や施設に関しては、デザインコンペを開催し注目を浴びた。それらが鉄道駅の既成概念を覆（くつがえ）すデザインや機能を備えたことで、利便性はもちろんのこと、居住性や愛着なども生まれるようになった。

これからも国際都市東京の交通機関にふさわしく、近年増加している外国人観光客に対応したユニバーサルデザイン、高齢化社会に即したバリアフリーの拡大などを中心に事業を展開していくだろう。

東京を訪れる人々に欠かせない重要な交通手段であり、時代を超えて常に進化し続ける東京メトロ。本書では、私たちが普段何げなく利用している東京メトロのすごい秘密を、余すところなく紹介していきたい。

最後に、今回の執筆に際する取材や画像のご提供など、東京メトロの皆様には多大なるご尽力をいただいた。末筆ながら感謝の意を表したい。

令和元年６月　渡部史絵

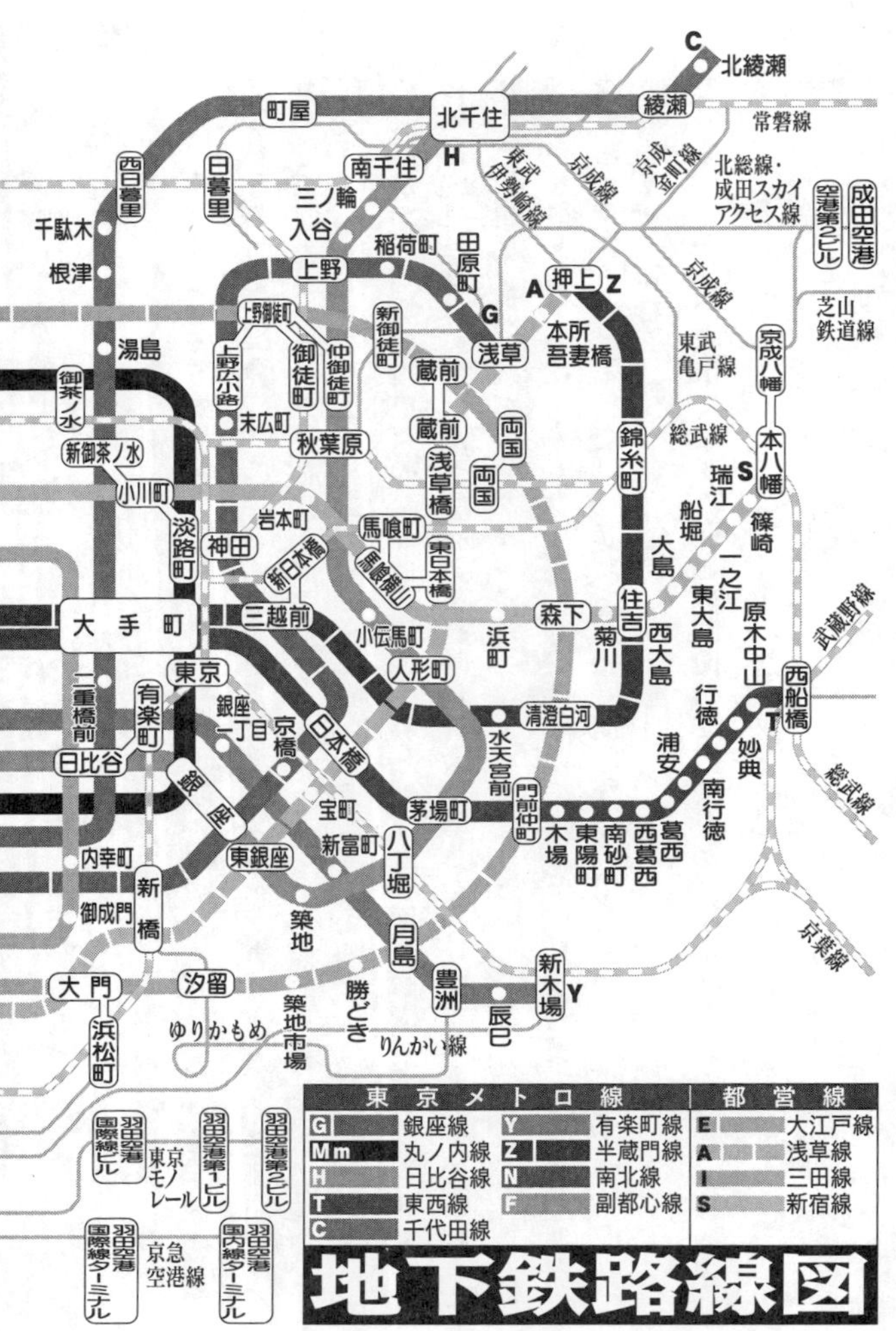
北綾瀬
綾瀬
町屋
北千住
常磐線
西日暮里
日暮里
南千住
東武伊勢崎線
京成線
京成金町線
北総線・成田スカイアクセス線
空港第2ビル
成田空港
三ノ輪
入谷
千駄木
稲荷町
田原町
根津
上野
押上
本所吾妻橋
京成線
芝山鉄道線
上野御徒町
新御徒町
浅草
東武亀戸線
京成八幡
湯島
上野広小路
御徒町
仲御徒町
蔵前
御茶ノ水
末広町
蔵前
両国
総武線
本八幡
秋葉原
両国
錦糸町
新御茶ノ水
浅草橋
瑞江
小川町
船堀
篠崎
岩本町
馬喰町
淡路町
神田
新日本橋
東日本橋
馬喰横山
大島
一之江
東大島
大手町
三越前
森下
住吉
原木中山
武蔵野線
小伝馬町
浜町
菊川
西大島
二重橋前
東京
人形町
有楽町
銀座一丁目
京橋
行徳
西船橋
日本橋
清澄白河
日比谷
水天宮前
浦安
妙典
銀座
南行徳
総武線
宝町
茅場町
門前仲町
木場
東陽町
南砂町
西葛西
葛西
内幸町
新富町
八丁堀
東銀座
新橋
御成門
築地
京葉線
月島
新木場
大門
汐留
勝どき
豊洲
辰巳
築地市場
ゆりかもめ
りんかい線
浜松町
羽田空港国際線ビル
東京モノレール
羽田空港第1ビル
羽田空港第2ビル
羽田空港国際線ターミナル
京急空港線
羽田空港国内線ターミナル
東京メトロ線
G 銀座線
Mm 丸ノ内線
H 日比谷線
T 東西線
C 千代田線
Y 有楽町線
Z 半蔵門線
N 南北線
F 副都心線
都営線
E 大江戸線
A 浅草線
I 三田線
S 新宿線
地下鉄路線図

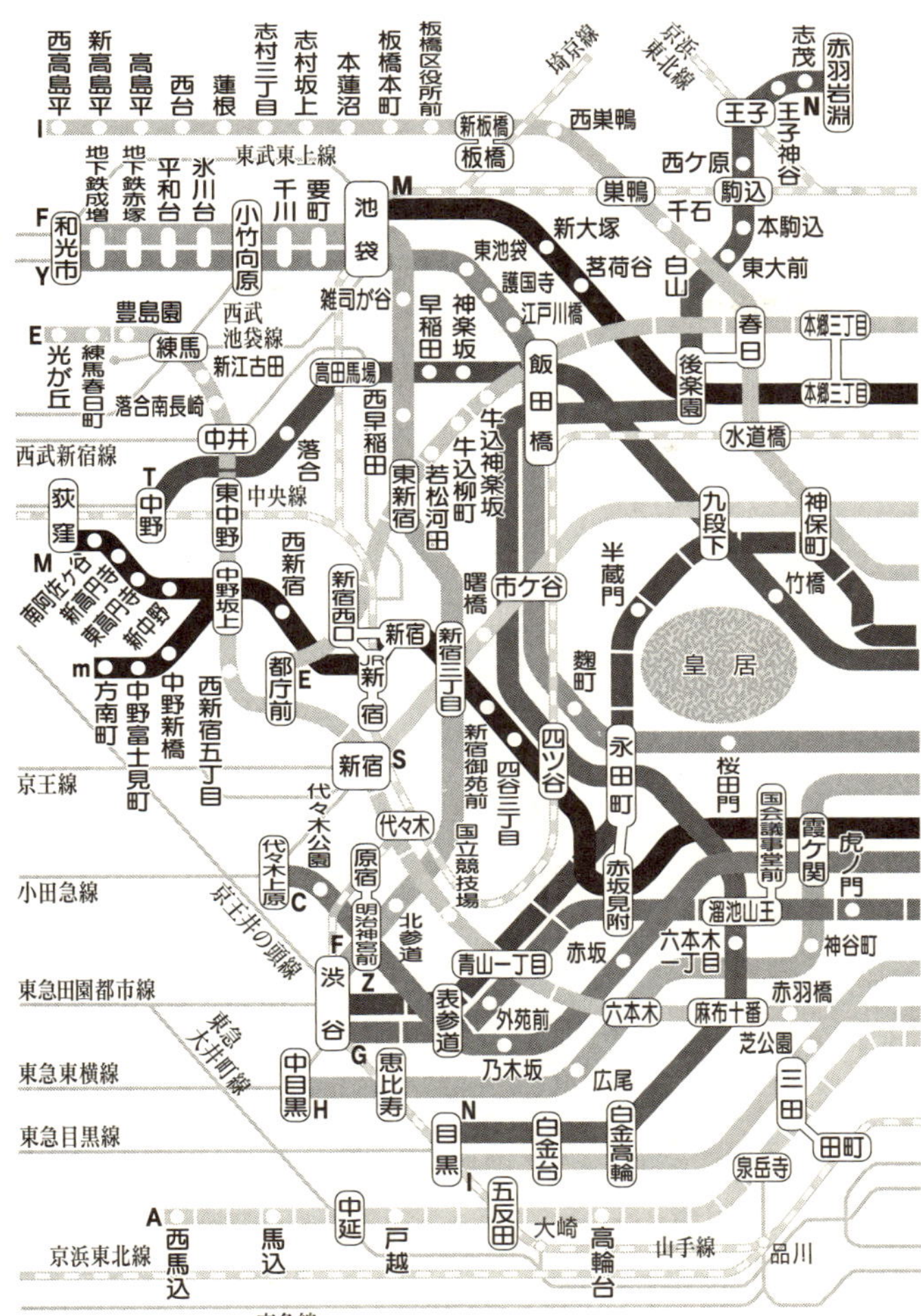

西高島平
新高島平
高島平
西台
蓮根
志村三丁目
志村坂上
本蓮沼
板橋本町
板橋区役所前
埼京線
京浜東北線
志茂
赤羽岩淵
I
新板橋
板橋
西巣鴨
王子
N
王子神谷
東武東上線
西ケ原
地下鉄成増
地下鉄赤塚
平和台
氷川台
千川
要町
池袋
M
巣鴨
駒込
F
和光市
Y
小竹向原
千石
新大塚
本駒込
東池袋
茗荷谷
白山
東大前
護国寺
雑司が谷
早稲田
神楽坂
江戸川橋
E
豊島園
西武池袋線
練馬
光が丘
練馬春日町
新江古田
高田馬場
飯田橋
春日
後楽園
本郷三丁目
本郷三丁目
落合南長崎
西早稲田
牛込神楽坂
牛込柳町
水道橋
中井
西武新宿線
落合
T
中野
東中野
中央線
東新宿
若松河田
九段下
神保町
荻窪
M
西新宿
半蔵門
竹橋
南阿佐ケ谷
新高円寺
東高円寺
新中野
中野坂上
新宿西口
新宿
曙橋
市ケ谷
JR新宿
新宿三丁目
m
都庁前
E
麹町
皇居
方南町
中野富士見町
中野新橋
西新宿五丁目
新宿御苑前
四ツ谷
四谷三丁目
永田町
新宿
S
京王線
代々木
桜田門
国会議事堂前
霞ケ関
虎ノ門
代々木公園
国立競技場
代々木上原
C
原宿
明治神宮前
赤坂見附
小田急線
京王井の頭線
溜池山王
北参道
F
六本木一丁目
神谷町
青山一丁目
赤坂
渋谷
Z
東急田園都市線
表参道
外苑前
六本木
麻布十番
赤羽橋
東急大井町線
G
芝公園
中目黒
恵比寿
乃木坂
H
東急東横線
広尾
三田
N
白金台
白金高輪
田町
東急目黒線
目黒
泉岳寺
I
五反田
A
中延
大崎
西馬込
馬込
戸越
高輪台
山手線
品川
京浜東北線
京急線

東京メトロ　知られざる超絶！世界　もくじ

カバー写真＊ＰＩＸＴＡ
「地下鉄丸ノ内線2000系」
路線図作成＊ＡＫＩＢＡ

1 銀座線

パイオニアの誇りと実力！
オレンジの路線が成しとげたもの

改修中の銀座線渋谷駅。どれだけ便利になる？

現在の銀座線渋谷駅は１９３８（昭和13）年に完成した駅で、東京高速鉄道（東急系）が建設したものである。当時の一般的な電車性能では、渋谷駅付近の急勾配の運転は極めて困難であると判断されたため、低地部分を高架橋で建設し、そのまま国鉄（現・ＪＲ東日本）渋谷駅上部へと入っていく形をとった。

そのため、開通当時から現在にいたるまで、ＪＲ東日本や東京メトロ副都心線などから銀座線に乗り換える際には、縦方向や横方向の移動が多く迷路のように難しい。また半蔵門線・田園都市線にいたっては、おとなりの表参道駅で乗り換えたほうが、はるかに便利といえるほどである。

東京メトロになった現在でも改修を重ね、利便性の向上を図ってきたが、プラットホームの幅の狭さや、安全上の観点からも懸念が拭いきれないことから「渋谷駅周辺の再開発事業」とともに、新たな銀座線渋谷駅を建設することになった。

しかし現在の銀座線ホームは、ＪＲ渋谷駅施設の真上にあることや、東急百貨店の建物内にあるため、現状の位置での駅改築は困難である。そこで、思い切って東口のターミナル上まで移動させることになった。つまり、表参道駅寄りへ移設する形である。

このことによって、最終的にプラットホームの形は対面式ホーム（片側のみ線路があるタイプ）から島式ホーム（両側に線路があり、ホームが島のような位置にあるタイプ）へ変更となり、ホーム幅も拡張されるようだ。島式ホームに改良した後は、両端を「渋谷ヒカリエ」と「東急百貨店東横店」の建物に挟まれる形になるので、この両方向からの改札が可能になるわけだ。ＪＲ線への乗り換えも、改札が同一階でおこなわれるようになるため、スムーズな乗り換えが可能となる。

切り替え工事は始まっており、高架橋に新たなホームを建設するための軌道移設工事が２０１６（平成28）年から随時おこなわれている。銀座線利用者には、線路切替工事による「区間運休」に出くわした人も多いであろう。渋谷駅を区間運休する際には、渋谷駅～表参道駅、青山一丁目駅～溜池山王（ためいけさんのう）駅間の区間が運休となり、溜池山王駅～浅草駅間及び青山一丁目駅～表参道駅間での折り返し運転となる。

この混乱を防ぐために、東京メトロは、２０１８（平成30）年5月3日～5日にかけて渋谷駅を完全に閉鎖、立ち入り禁止の処置をとった。この区間運休では他にも、「銀座線の路線図から、ある駅を消す」という衝撃的な方法がとられたこともあるが、この件に関しては次の項目で紹介しよう。

赤坂見附駅から銀座線を〝消した〟すごワザとは？

銀座線赤坂見附駅は、ステーションナンバーはG05。丸ノ内線との乗り換えが便利な主要駅である。1日の乗降旅客数は、実に12万人を超えるマンモス・ターミナルだ。

前述したように、銀座線の渋谷駅は現在も大規模工事中だが、2018（平成30）年のゴールデンウィーク（5月3日～5日）の3日間にいたっては、その大規模工事に伴って区間運休を実施した。運休したのは「渋谷駅～表参道駅」と「青山一丁目駅～溜池山王駅」で、「表参道駅～青山一丁目駅間」と「溜池山王駅～浅草駅間」は、それぞれ折り返し運転をおこなった。

この期間中、東京メトロは銀座線の渋谷駅方面の案内を修正したが、その驚くべき対応に世間の注目が集まった。その代表例が、「銀座線に、赤坂見附駅って存在しなかったの？」と思わせるほどの徹底した修正であった。

赤坂見附駅は銀座線と丸ノ内線を同じホームで乗り換えできるのだが、この3日間は丸ノ内線のみの駅となるため、駅構内の案内板に記されたほぼすべての「銀座線」や「渋谷方面」という文字に目隠しをした。しかも、単に目隠しを施しただけではなく、案内板の下地の色に合わせた特注のものを使用した。

その徹底ぶりは、初めから、赤坂見附駅に銀座線という地下鉄路線は存在しないかのように思えたほど。なかには、毎日のように東京の地下鉄を利用しているサラリーマンが、「あの、銀座線ってこの駅は通っていなかったっけ？」と駅員に問い合わせる姿もあったという。

「まるで、地下を巡っているうちに、銀座線の存在しない異世界に迷い込んだかのように思えた」という人もいた。

折り返し運転をおこなっている銀座線の電車も、普段は表示しない「G06溜池山王」行き、「G02表参道」行き、「G04青山一丁目」行きを表示して運行した。車内の案内表示器も、それぞれ「次は、青山一丁目終点」などと表示していた。自動放送に関しては未対応だったため、車掌による肉声放送などをおこなっていたようだ。

あまりの徹底ぶりに、「銀座線が消えた日」はSNSなどで話題となり、ニュースにもなるほどだった。

この3日間、赤坂見附駅や渋谷駅などを〝消して〟区間運転を実施した銀座線は無事に予定の工事を終え、翌6日には何事もなかったかのように通常どおりの全線通し運転をおこなっている。もちろん、駅の案内板も修正案内は剝がされて元どおりである。

今後も２０１９（令和元）年度下期に、12月28日（土）始発～翌２０２０年１月２日（木）終電まで渋谷駅の線路切り替え工事のために赤坂見附駅が休止し、渋谷駅～青山一丁目駅、溜池山王駅～浅草駅で折り返し運転をおこなうことが発表された。

さらに、東京メトロによると、銀座線はすべての駅でリニューアル工事をおこなっているという。最後のリニューアル工事完了予定が、２０２２年度の新橋駅である。今後も何かしらの運用変更がおこなわれるかもしれず、その際はどんな対応がなされるのか期待したいところだ。

「選奨土木遺産」であるゆえんは画期的な技術にあり！

現在の銀座線は、東洋で初めての地下鉄として、１９２７（昭和２）年12月30日に浅草駅～上野駅間を開業した。記念すべきこの地下鉄では、使用される車両もだが、建設においても画期的な技術が用いられている。

東京地下鉄道（現・東京メトロ）が建設した銀座線の浅草駅～新橋駅間は、２００８（平成20）年度に「選奨土木遺産」に認定された。これは日本の土木工学の向上を目的として設立された土木学会が、技術的・デザイン的に優れたもの、または由来やエピソードが豊富な構造物に対して認定しているものだ。

銀座線の同区間においては、国内で初めて、H型鋼を大量に使用した鉄鋼框構造を採用したことや、末広町駅～（万世橋駅〈現在は廃止〉）～神田駅間の神田川の川底のトンネル建設など、当時としては先進的な建設工法が用いられ、貴重な土木構造物が多く存在することなどが認定理由となっている。

いまでこそ、地下鉄の掘削工事といえば、高度な技術によって機械化されたシールド工法（シールドマシーンによる掘削）による推進掘削工事が当たり前になっているが、当時は地上からトンネルとなるスペースを掘削してから、地上の設備を復旧させるというものであった。これを「開削工法」という。

浅草駅～上野駅間の建設時はこの工事費用に当時で約620万円、工事に使用した材料は鉄骨1万トン、セメント8万樽、砂利3500立坪（1立坪は約1・8㎥）であった。埋没したトンネルは鉄骨鉄筋併用のコンクリート函形で、1本で5～9トンの重量がある鉄骨が製作された。

いままでの日本のビル建設でさえも、そこまで強固なものを建設材料に用いたことはなかったと聞くが、これは地震大国であるがゆえの対策であろう。大地震が起きた際の陥没や破壊を最小限にとどめるため、安全を最優先にしたからだと推測で

地下鉄博物館にて展示されているATS(自動列車停止装置)/筆者撮影

きる。

上野駅〜浅草駅の建設が始まったのは1925(大正14)年で、関東大震災の2年後であった。大地震を体験したことから地下鉄は、建設当初から防災意識が非常に高く、90年以上経った現在でも安全性が高いといわれている。

2008年「選奨土木遺産」に別途認定された同年11月18日の「土木の日」には、財団法人土木学会より認定書と銘板が東京メトロに贈呈された。この銘板は「浅草駅」「上野駅」「新橋駅」に設置されている。

なお、開業当時から使用された車両においても重要性の高さが認められ、現在は地下鉄博物館に静態保存されている1000形と東京高速鉄道(東急系)100形も、2009(平成21)年に経済産業省から「近代化産業遺産」として認定されている。

東洋初の地下鉄車両1000形にはさまざまな保安対策が施されており、代表的なものといえば「ATS（自動列車停止装置）」が挙げられる。

狭いトンネル内を走る地下鉄の車両は、信号確認の際、壁や施設などによって前方が確認しにくいため、見落としの可能性が高くなる。そこで、停止信号現示（赤信号）を万が一通過してしまった場合を考えて、自動的に列車を停止させる装置が日本で初めて採用された。

仕組みは信号機が赤信号の際、レール脇に設置された「打子（うちこ）」が起き上がり、車両側に設置されている「トリップコック」（非常ブレーキ弁）の蓋（ふた）に当たって、非常ブレーキ弁を開けて車両を強制的に停止させるものだ。いたって単純な装置ではあるが、故障が少なく信頼性が高いといわれている。

さらに、銀座線全線（浅草駅〜渋谷駅間）と、東京高速鉄道が建設した旧新橋駅（幻の新橋駅）も「近代化産業遺産」に認定されている。

銀座線は東洋初の地下鉄の元祖であり、現在でも通用する多くの技術が使われている。その功績として与えられたふたつの賞は、鉄道業界の歴史を振り返ってもたぐいまれな存在であろう。

"日本初"が満載！ 1000形車両の先進性

東洋初の地下鉄車両として初めて製造された1000形。このころの電車のカラーリングといえば木造電車が主流であり、チョコレート色（いわゆるブラウン系）と呼ばれるカラーであふれていた。

これに対して1000形車両は、地下鉄用車両ということもあり、不燃化対策として全鋼鉄製となった。また、初の試みとして暗いトンネル内での視認性を高めることや、イメージを明るくするための塗装が選ばれ、車体カラーは「レモン・イエロー」となる。この塗装はベルリンの地下鉄の色をモデルにしたといわれ、日本の鉄道で初めて「警戒色」が用いられた事例といわれている。

警戒色とは、自身の塗装を目立ちやすい色彩や模様にすることで、他の車両からの視認性や人や動物との衝突を避ける目的で使用される塗装のことだ。

その他にも、当時の最先端の技術やデザインが採用されている。

車内に目を向けると、当時の通勤用車両とは思えないほどのゴージャスなつくりである。まずは、高級感あふれる間接照明が印象的だ。地下鉄車両はいつもうす暗いトンネル内を走っているというイメージを少しでも明るくするために、照明にもこだわりを取り入れ、座席にいる乗客が読書を楽しめるように照明を灯(とも)すという配慮もあった。照明器具は車内壁面に設置され、天井に向けて設置することで天井面に反射し、車内全体に明かりが届くようになっている。

車内の吊り手（吊り革）には、日本で初めて「リコ式」が採用されている。これはアメリカのリコ社が製作したスプリング式の吊り手で、不要の際に手を離すと定位置に跳ね上がるという特性をもっていた。このリコ式吊り手は、東西線5000系の初期まで使用されていたという。

地下鉄博物館にて展示されている
1000形（1001号車）／筆者撮影

他にも先進的なものとして自動扉がある。いまでこそ当たり前だが、当時の地上を走る鉄道車両の多くは車掌がドア付近に立ち、手動によってドア扱いがおこなわれていた。しかし、1000形はドアーエンジンを搭載し、自動開閉を可能にした。当時はこの地下鉄以外には、国鉄（現・ＪＲ東日本）の京浜線（現・京浜東北線）や山手線の一部だけだったようだ。

１０００形（１００1号車）は、１９４１（昭和16）年に営団地下鉄が発足したあとも、戦火を越え銀座線車両として活躍を続けた。引退後の１９６９（昭和44）年に営団地下鉄から旧国鉄（交通博物館）に寄贈され、１９８４（昭和59）年からは旧・地下鉄互助会（メトロ文化財団・地下鉄博物館）へ長期貸与された。２００９（平成21）年には経済産業省の近代化産業遺産に認定されている。

長らくＪＲ東日本（旧・国鉄）の持ち物ではあったが、地下鉄博物館開館30周年にあたる２０１６（平成28）年に地下鉄博物館（旧・メトロ文化財団）に無償譲渡された。現在でも東京の近代化されていく交通の象徴として、同博物館にて鑑賞できるため、東西線・葛西（かさい）駅高架下まで足をお運びいただきたい。

ちなみに、最近まで運行していた銀座線01系のラインカラーをみると「オレンジ」である。いままでの話からするとラインカラーは「イエロー」と思われがちだが、これは戦後の銀座線車両の写真をみればおわかりだろう。もともとのイエローから徐々にオレンジに変化を遂げている。

当時の営団地下鉄に限らず、電車に施されていた塗装は褪せてきたら重ねて塗り直すというものであった。つまり、最初はイエローだったが、重ね塗りをするうちに赤みが濃くなりオレンジになってしまったのだろう、と推測できる。

大幅な省エネを実現させた1000系の操舵台車って?

年初めに、在住地域を管轄する消防署の出初め式に招かれた。初めての体験だったので、隊員の日頃の訓練の成果や特殊な機器を興味深く拝見した。そのなかでも「はしご車」は圧巻で、例えはよくないが、消防車のフラッグシップであるように思えた。そして何より興味深かったのは、そのはしご車には「4WS」という四輪操舵システムが装備されていたことだった。

4WSは前後輪が別々に左右動して進むことができる装置で、このシステムを使うことにより、大型車であっても小さな転回半径であり、車体の向きを変えずに横方向にも移動ができる。狭い場所での活動にも役立つ極めて優れたシステムだ。

実はこれと同じようなシステムが鉄道にもある。かなり以前から各製造会社や公的機関などで研究され、何種類もの特許が出願されている。しかし、多くは図面上だけや試作状態での試用であり、量産実用にはいたっていなかった。

銀座線用1000系の「操舵台車」／東京メトロ提供

それでは、鉄道の4WSとはどういったものだろうか？

まずは「台車」という装置を簡単に説明しておこう。多くの鉄道車両には、車体とレールの間の駆動部に台車が存在する。一般的には「台車枠」と称する枠組みに、車輪（タイヤ）のついた車軸と衝動を軽減するバネを組み込んだものだ。レールに沿って台車が動くと車体がそれに沿って進んでゆく、という装置だ。

元来、台車の車軸は台車枠に平行に固定されているので、二軸四輪とも同じ方向を向いている。そのため、急曲線では車輪とレールが横圧による摩擦により、騒音（きしり音・スキール音）が発生したり、車輪・レール双方の摩耗が発生し、さらに乗り心地が低下したりする。そのために、曲線付近のレールには油を塗るなどの対策がとられてきた。

しかし、前後輪軸が別々に動くことでこれらの多くを解消することができる。先述のとおり、古くから多くの製造会社や公的機関が研究し数々の特許を残してきたが、一部の試用を除き、本格的な実用まではいたっていなかった。台車という重量のある装置以上に大きな重量がかかる車軸をそれぞれ動かすには、複数のリンクなど複雑な機構が必要であり、適切な動きを得ることが難しかったようだ。

それゆえに各製造会社なども多くの試行錯誤を経てきたわけだが、２０１２（平成24）年から運行されている銀座線用の１０００系から本格的な「操舵台車」の実用がかなったのである。

この２４０両の１０００系に装備される「ＳＣ１０１形操舵台車」は、東京メトロと新日鐵住金（現・日本製鉄）が共同で研究開発をおこなったもので、従来の前後二軸をそれぞれ動かすという発想から離れ、自動車のステアリングと同じように片方の車軸を台車に固定し、もう片方の車軸に操舵装置をつけることで構造の簡略化に成功した。

さらには急曲線の通過性能を向上させ、乗り心地まで改善している。また摩擦抵抗が低下したことにより、横圧や騒音の低減も実現した。とくに銀座線は、レールの幅が新幹線と同じ１４３５㎜でありながら、Ｒ（曲線半径）90ｍ級の曲線をいくつかもつ走行条件の厳しい路線であり、この「操舵台車」にとってはうってつけの舞台でもある。

とくに横圧に対しては従来比30％も低減させたそうで、力行（加速）時の電力や惰行（減速）時の速度低下、車輪とレールの摩耗が大きく低減され、省エネルギーの成果を得た。そして特筆すべきは、その安定した走行性能と省エネ効果が評価され、２０１５（平成27）年には、全国発明表彰において「発明賞」を授与されたことだ。

これにより、東京メトロ１０００系は操舵台車のパイオニア車両として、日本の鉄道史に名を刻んだ。今後は、派生機種の開発により、他の鉄道路線車両にも普及することと思われる。

北千里駅より早かった！ 自動改札機導入も日本初

筆者が中学生のころまでは、小さな駅の改札口では駅係員さんが、改札鋏をパチンパチンと鳴らしながら、キップを切ってくれていた記憶がある。それがいつしか自動改札機に変わり、磁気式のキップや定期券を入れると、フラップドアが開き進むことができるようになった。

さらに、現在では磁気券のみならず、ＩＣカードをタッチする一瞬だけで、データの読み書きまで可能になっている。

余談だが、自動改札機を英語ではターンスタイル（turnstile）ともいう。この場合の「スタイル」とは、牧場などで人だけが通れる通路（框）を指す単語である。ニューヨークの地下鉄には、１９００年代初頭に係員の手動による回転木戸式自動改札が採用されている。

その後、１９２０（大正9）年5月には、改札機にコインを入れると１人分だけ回転する機械式自動改札機が登場しており、さらに１９４０年代に入ると、電車線の電力を利用した電気式自動改札機がゼネラルエレクトリック社により開発され、実用化された。

このころの自動改札機は、昔遊園地などにあった角度の違う3本の棒が回転して、１人ずつ通過させるような仕組みのもので、人の通過を制限する目的は同じだが、現在の自動改札機とは形が異なる。

さて、日本では一般的に初の自動改札機というと、１９６７（昭和42）年の京阪神急行電鉄（現・阪急電鉄）北千里駅に設置されたものだとされている。しかし表題のとおり、東京メトロ銀座線の開通時に設置された機械式ターンスタイル改札機こそが、日本で初めての自動改札といってよいのではないかと筆者は考える。

もっとも、このターンスタイル式の改札機は国産ではなく、アメリカから輸入さ

昭和2年創業当時のターン式の改札機／東京メトロ提供

れたもののようである。１９２７（昭和２）年に浅草駅～上野駅間が開通した当初は、運賃も10銭均一だったので、この改札機に10銭白銅貨を入れると、木戸が１人分だけ回転し駅構内に入場できるというものであった。

ただ、１９３１（昭和６）年に銀座線が延伸した際には駅ごとの運賃に変わったため、このターンスタイル式の改札機はたった４年間でお役御免となってしまった。現在、再現したものが地下鉄博物館や銀座線・上野駅に展示されているので、ぜひご覧になっていただきたい。

ところで、銀座線は東洋初の地下鉄として、当時最もモダンな乗り物としてデビューしている。そのために、車両の色

上野駅で再現されたターン式改札機／筆者撮影

も当時としては画期的な黄色を採用し、不燃化のため全金属製の車体を誂え、車内は間接照明で照らされていた。

吊り手も跳ね上がるリコ式を採用し、当時としては異例の自動開閉する側扉も採用されていた。さらに驚くべきは、近年の鉄道車両に採用され始めている、車両間の転落防止柵を１９２７年時点で採用した点だ。

このように、東洋で初めての地下鉄は初物のオンパレードであった。そこで、乗客が地下鉄を利用するファーストコンタクトとして、改札機にも一工夫させようとする地下鉄気質があったのかもしれない。

本項目の冒頭の記述を思い出してほしい。海の向こうのアメリカでは、１９２０年にコイン式のターンスタイル改札機が完成している（実物がニューヨーク交通博物館に展示されている。一見の価値あり）。

当然、今後の延伸があり運賃も均一でいられるわけがないことは、東京地下鉄道の経営陣も承知していたはずだ。たった4年間の稼働に、恐らく高額であっただろう改札機の費用が償却することも考えづらい。

しかし、導入された。勝負の世界には「勝つときは徹底的に勝つ」という言葉があるが、このときの東京地下鉄道の経営陣も、同じような心境だったのではないだろうか？　そして、そのときの心意気が、現在の東京メトロの繁栄につながったのだろうと、私は信じている。

幻となった「延伸計画」と「浅草循環線」

銀座線は、1939（昭和14）年に渋谷駅～浅草駅間を全線開通しているが、さらに浅草から先に延伸の計画があったことは意外と知られていない。

旧・運輸省（現・国土交通省）が都市交通審議会の答申第10号において、1972（昭和47）年に「東京及びその周辺における高速鉄道を中心とする交通網の整備増強に関する基本計画について」で述べたなかに、3号線（銀座線のこと）の記述があり、渋谷～赤坂見附～新橋～上野～浅草～三ノ輪が1985（昭和60）年まで

田原町駅地上部の国際通り沿い／筆者撮影

に整備すべき路線として位置づけられている。

延伸区間での中間駅としては、吉原大門前付近に「吉原駅」を設置する予定であった。そして終点の三ノ輪駅（現在は日比谷線の駅）は高架駅として、王子電気軌道（現・都電荒川線）と連絡する予定だった。もしもこの計画が実現されていれば、繁華街から王子・赤羽方面へのアクセスが格段に向上し、南北の利便性が図られていたことだろう。

実際に現在の銀座線浅草駅の線路上をみると、線路がさらに奥へと続いており、この線形が北方向へと折れている。この真上は隅田公園で、そのままこの方向にトンネルを掘削していた場合、三ノ輪方面へ進んでいたと思われる。

現在は、銀座線電車の引き上げ線や留置線として使用されているが、もし三ノ輪方向への延伸が実現していれば、この先も営業列車として運行されていたかもしれない。ただ、この三ノ輪延伸は、１９８５（昭和60）年の運輸政策審議会答申7号からは削除されてしまった。

実現されなかった理由は不明だが、２００５（平成17）年に開業した「つくばエクスプレス」の計画が影響したのだと思われる。さらに、１９３５（昭和10）年には「浅草循環線計画」もあった。

この計画は、浅草駅のひとつ先の田原町駅から分岐して国際通りを千束方向へ向かい、浅草六区の下を抜けて伝法院、浅草寺、浅草2丁目へと抜け、浅草駅の北側にいたる路線である。単線１・２㎞での建設予定であった。

循環区間には中間駅として「浅草公園駅」を設置する予定だったという。目的としては、田原町駅～浅草駅間のB線を廃止して、渋谷方面から来た列車は循環線を通して方向を変えることによって、折り返しの手間や、浅草6区付近の利便性を向上させる目的もあったといわれている。いまでは考えられない、大胆かつユニークなアイデアが銀座線で計画されていたことになる。

これらふたつの計画がもしも実現されていれば、現在の東京の地下鉄系統とはまた違ったものになっていたはずだ。

❷ 丸ノ内線

真っ赤なボディは先進性とサービス精神の象徴！

荻窪 M01
南阿佐ケ谷 M02 ｜ m03 方南町
新高円寺 M03 ｜ m04 中野富士見町
東高円寺 M04 ｜ m05 中野新橋
新中野 M05
中野坂上 M06
西新宿 M07
新宿 M08
新宿三丁目 M09 F
新宿御苑前 M10
四谷三丁目 M11
四ツ谷 M12 N
赤坂見附 M13 N Z Y G
国会議事堂前 M14 N C G
霞ケ関 M15 C H
銀座 M16 H G
東京 M17
大手町 M18 Z C T
淡路町 M19 C
御茶ノ水 M20
本郷三丁目 M21
後楽園 M22 N
茗荷谷 M23
新大塚 M24
池袋 M25 F Y

ハイスペックな新型車両、2000系の特徴とは?

丸ノ内線が現在の主力車両である02系に統一されておよそ22年の月日が経った。初期車両が登場してからは30年が経過しているため、2019年2月23日から、新型車両への置き換えが始まっている。

新型車両は、銀座線に導入された1000系の技術をさらに発展させた最新技術を採用し、そのうえで東京メトロの社員が「丸ノ内線」で連想されるキーワードを考案。「地上」「活気」「先進的」を基に「TOKYO」に活力を与えるインパクトの強いデザインができあがった。ボディを彩る車体カラーには「グローイング・スカーレット」が採用された。

東京メトロ史上、一番といっていいほどインパクトのある車両となった丸ノ内線用新型車両2000系は、1954(昭和29)年の開業時に登場した赤い車体の旧型車両(300形シリーズ)を強く意識している。まさに300形の21世紀バージョンといえるであろう。

〝先輩〟の02系の登場当初には採用されなかった丸ノ内線車両の代名詞である「サインウェーブ」が復活しており、このサインウェーブがホームドアの陰に隠れない

丸ノ内線新型車両2000系。側面の白く見える帯が復活したサインウェーブ／東京メトロ提供

ように、帯の位置が腰部から上部へと変更されているこだわりぶりだ。

この2000系では斬新なデザインを採用しただけではなく、銀座線1000系で導入した「操舵台車（そうだだいしゃ）」（22ページ参照）をはじめ、東京メトロとしては初めて「脱線検知装置」を搭載している。車輪がレールから外れたことを検知する装置で、なんらかの影響によってレールから車輪が外れた際にいち早く発見できるものだ。そのため、転覆（てんぷく）や衝突などの最悪の事態を未然に防ぐことが可能になり、万が一の際に素早く対応ができるわけだ。

これは2000（平成12）年に発生した日比谷線・中目黒列車脱線衝突事故の教訓からだと思われる。この事故は電車が終着駅に近づき、スピードを落としながら曲線勾配（こうばい）を進行していた際、最後尾車両の車輪（フランジ部分）が乗り上がり脱線し、対向の線路方向にはみ出したことが原因である。ちょうど対向してきた電車の車体に衝突し、大事故になったのだ。

事故を大きくしてしまった原因のひとつとして、事故調査検討会による調査結果では、重量バランスや台車の特性など複合的要因が重なったことが挙げられた。現場状況的には、当該列車の乗務員もトンネルを出た登り勾配であり、速度と車両によっては、揺れの状態のみで脱線を認識することは難しかったようだ。

事故原因そのもの（乗り上がりによる脱線）は、すぐに対処されてはいたが、今回の２０００系からはさらに脱線を発見・認識しやすくするために、この装置が導入された。

そしていちばんの特徴は、無線式列車制御システム（ＣＢＴＣ）を採用する予定であることだ。この装置は列車の遅延回復に効果があるシステムとして、期待されている（２０２２年から稼働予定）。

その他にも、車内設備としては車端部に簡易テーブルと荷物掛け、スマートフォンなどを充電できるコンセントが挙げられる。車両内には無料Ｗｉ-Ｆｉも設置された。車内放送なども聞き取りやすい高音質の放送システム（ステレオ方式）を採用した2000系は、2022年までに53編成が導入され、02系を置き換える予定である。

「2分の壁」を突破した丸ノ内線の〝秘策〟

2016（平成28）年の、東京都知事選の際の小池百合子氏の公約に「満員電車をゼロへ」があった。記憶されている方も多いと思う。内容は、少々空想的で実現の可能性は極めて薄いものの、その趣旨は利用者の1人として、大いに納得できるものであった。もっとも、鉄道を運営する側が、なんの対策もしていないわけではなく、現実的な対策は打ってきている。

例えば、編成両数を長くするだとか、複々線化工事などがそれに値するであろう。しかし、いずれも大きな工事を伴い、お金も時間もかかるのは事実である。編成両数を長くするためには、車両も購入しなくてはならないし、ホームの延伸工事もしなくてはならない。場合によっては分岐器の位置を変更するなどしたり、信号機や信号回路の移設もしなくてはならない。

用地の買収などにも時間がかかるため、複々線化工事に30年の時間を費やしてしまった会社もある。その間に社会情勢や人の流れも変わってしまい、公表はされていないが、着手時の予想ほど際立った効果があったのかどうか、少々興味深いところではある。

一般的には、列車の本数を増やせば、せいぜい車両の購入費くらいで済むのではないか……と思いがちである。しかし、鉄道の安全を保つためのルールに「列車間隔の保持（閉そく）」というものがあるので、そう簡単な話ではない。通常ならば、列車の加減速、旅客の乗降時間などを考慮すると、列車間隔は「最少2分」といわれる。

しかし東京メトロには、ラッシュ時に最少1分50秒間隔で走る路線が存在する。丸ノ内線だ。丸ノ内線は、池袋・東京・新宿などのターミナル駅を結ぶだけでなく、大手町などの日本の中心部を走るため、過去１９６９（昭和44）年には、ピーク時間に２６８％という想像を絶する混雑度を記録している。

その混雑対策として、1分50秒間隔運転が実施された。「たった10秒？」と思われる方もいるかもしれないが、2分間隔と比べ、1分50秒間隔での運転ならば1時間当たり2本強の増便ができるのだ。この2本強の列車の輸送量を単純な計算で表すと、編成あたりの定員が７９２人、列車2本だと１５８４人になる。

現在の、丸ノ内線のピーク時間の混雑率が１６５％（国交省調べ）とのことなので、単純計算でも２６００人以上の輸送量が確保できる。混雑時に、この差は大きい。

では、いったいどのようにして、この魔法の10秒を捻出しているのだろうか？その大まかな対策としては、停車時間を増大させないように、旅客に対して迅速に乗降を促し、ダイヤどおりの運転を実施している点だ。これには、メトロ係員が人海戦術で対応している。

ホームに多くの係員や警備員を配置し、係員による声を掛けての乗降時の誘導（いわゆるホーム整理）や駅構内の階段の位置などから発生する一部車両への旅客集中を拡散させ、旅客の流動の円滑化、閉扉間際の駆け込み乗車や荷物挟みの防止など、係員の目と手と声で対応し、迅速に列車を発車させているのだ。

私も定点観察をしたことがあるが、メトロ係員は実に手際がよく、列車の到着から発車まで、一定のスムーズなテンポが感じられた。この感想をメトロの係員にお話ししたところ、すばらしい答えが返ってきた。

「このスムーズな流れは、私たちだけでは到底実現できません。私たちの誘導にキッチリと反応してくださるお客さまの協力の賜物です」

1分50秒の運転間隔を誇る世界一の地下鉄は、世界一手際のよい係員と、世界一の旅客によって支えられている、と感じた瞬間だった。

都市の電車のカラー化は、丸ノ内線から始まった！

戦後初の地下鉄として建設された丸ノ内線は、まず池袋駅〜御茶ノ水駅間が開業した。1954（昭和29）年1月20日のことである。

建設当初は、先に開業している浅草駅〜渋谷駅間を意識していたのか、「地下鉄新線」としか案内されておらず（設計当初の300形の図面には「池袋線新造電車」と記されていた）、丸ノ内線という名称が正式についたのは、建設が佳境（かきょう）に入った1953（昭和28）年のこと。この際に銀座線、丸ノ内線と路線名が分けられた。

丸ノ内線用として新造され華々しいデビューを飾った300形は、当時、電車といえば茶色い色をした木造電車が多いなか、真っ赤な車体に白いライン、波形の飾り帯を追加した斬新なデザインだった。

車体のド派手な塗装は、当時の営団総裁が海外視察の際に目にしたイギリスのタバコ「BEN-SON&HEDGES」や、ロンドンバスのデザインをもとに、東京芸術大学にデザインを依頼して生まれたものといわれている。

いまでこそ、カラーバリエーション豊かな列車が多く走っているが、ラインカラーを意識した鉄道車両は、この300形が元祖とされる。それは、東京のふたつの地下鉄路線が、車体カラーリングで分かれた印象になったこと（銀座線はイエロー〈オレンジ〉、丸ノ内線はレッド）から由来していると思われる。

この丸ノ内線電車のカラーリングに刺激を受けてか、国鉄が１９５７（昭和32）年に中央快速線向けに製造したモハ90形がオレンジバーミリオンで登場した。これを皮切りに、首都圏各線に山手線のカナリアイエロー（のちにウグイス色）、京浜東北線にスカイブルー、中央・総武緩行線（かんこうせん）（緩行線とは各駅停車のこと）のカナリアイエローなどのラインカラーを装った電車などが活躍を開始したといわれている。

丸ノ内線電車は、登場当初の３００形からさまざまな試みがされていたのだが、そのひとつに客室扉がある。

いまでこそ通勤電車の扉といえば、同時に両側の扉が左右に開く「両扉」といわれるものがほとんどだが、実はこの３００形から本格的に採用された。

扉の幅が、１３００㎜と当時としては広くとってあるのは、のちの高

丸ノ内線開業当初の「地下鉄新線開業」と書かれたポスター／東京メトロ提供

地下鉄博物館に展示されている初代300形（手前）／筆者撮影

度経済成長期に入って輸送量が増した際に、乗降時間の短縮を狙ったものだと推測される。戦後直後の設定基準が、現在でも新型車両の標準となっているのが興味深い。

性能的には従来の「つりかけ駆動」から「WN駆動」を採用している。

この方式は駆動装置の重量バランスを改善したことにより、高速走行の安定性や乗り心地を改善したという大きな功績を残している。実は、初代新幹線車両の0系新幹線電車にもつながる技術だったことは、鉄道技術関係者のなかでも有名な話だ。

この赤い丸ノ内線の電車は、開業当初の300形から400形、500形、900形（中間専用車両）とバリエーションが増え、東京の地下鉄の象徴として図鑑や絵本にも多く紹介されてきた。長きにわたって丸ノ内線で活躍し愛されてきたが、1995（平成7）年7月をもって定期運行を離脱した。廃車になった一部の車両は、海外に譲渡され活躍を続けている。

赤い電車の初号車となった300形（301号車）は、地下鉄博物館で見学することが可能だ。また、海外での活躍を終えた車両も、一部が日本に里帰りしている。現在、一般の公開に向けて整備がなされており、再び、東京の線路上に彼らの雄姿をみられる日が楽しみだ。

007やゴジラ映画…スクリーンで大活躍！の丸ノ内線

丸ノ内線が開業したのは、戦争の爪痕が残る1954（昭和29）年のこと。その後の高度経済成長期にさしかかる日本では、多くの場所で外国文化の影響が出始めていた時期であった。

そのひとつに、映画がある。『歌え！太陽』（1945〈昭和20〉年：監督 阿部豊）、『伊豆の娘たち』（1945年：監督 五所平之助（ごしょへいのすけ））などだ。これらの終戦直後に解禁された日本の映画作品は、笑いあり涙ありの誰もが楽しめる明るい作品で、画面を通して人々が将来への希望を見いだしたことは間違いない。

最先端の技術と華やかさがあった丸ノ内線の車両／東京メトロ提供

同じく終戦直後から運用された丸ノ内線も、東京の新しい交通機関としてはもちろん、ド派手な真っ赤な車体で走る姿は、新しい日本の象徴としても脚光を浴びたことはいうまでもないだろう。

そんな近未来的な乗り物として注目されていた丸ノ内線は、何度かスクリーンに登場したことがある。ひょっとしたら数ある地下鉄路線のなかでも、最もひんぱんに登場した路線ではないだろうか。

まずは、『007は二度死ぬ』（日本公開は1967〈昭和42〉年）が挙げられる。おなじみショーン・コネリー演じる「ジェームズ・ボンド」が登場する映画作品で、日本の丸ノ内線・中野新橋駅が撮影された。

丸ノ内線が登場するシーンは、ジェームズ・ボンドが終電後と思われる中野新橋駅の地下鉄構内へ入り込み、日本情報機関のタイガー田中（丹波哲郎）と会うというシーン。なんとタイガー田中は、地下鉄構内に自身の事務所を置くことで、自家用の地下鉄（丸ノ内線）車両を所有しているという設定である。

車内には、移動オフィスや作戦会議室まであり、ややフィクションが大きすぎるきらいもあるが……よくぞここまで、当時の営団地下鉄（現・東京メトロ）が撮影協力したものだと感心させられるシーンでもある。

続いては、『キングコング対ゴジラ』（1962〈昭和37〉年）も忘れられない名作だ。高度経済成長期には怪獣映画もたくさんつくられていた。内容は、東京に現れたキングコングが、後楽園駅付近を走行中の丸ノ内線電車をつかみ上げてしまうというものである。もちろん、ミニチュアによる特殊撮影だが、当時の後楽園駅付近を繊細に再現していただけに、そのころはかなり話題になった。

さらに、東京メトロに移管された直後の2006（平成18）年に公開された作品『地下鉄（メトロ）に乗って』がある。製作にあたっては、東京メトロが全面協力したことで知られる。

当時、鉄道会社が映画の製作に全面協力した事例は珍しく、この作品をきっかけに、鉄道を舞台とした映画が増えていったことと思われる。作品は、浅田次郎の小説を原作に再構成されている。堤真一が演じる長谷部真次が乗った地下鉄によって過去にタイムスリップし、永田町の駅を上がると、そこには1964（昭和39）年の風景が広がっていた、というものだ。その街で長谷部は他界した兄と出会い、彼らの生き方をみて、自分自身と照らし合わせるという人間ドラマである。

撮影にあたっては、年代の設定によって、丸ノ内線の赤い電車が候補に挙げられていたが、この時点ですでに引退しているため、当時の内装形態が近い東西線で使用されていた5000系に、丸ノ内線のラッピングを施して使用された。鉄道ファンの間でも、3両だけ丸ノ内線になった東西線車両として有名なエピソードで、筆者は、この車両が幻想的に演出されたシーンをよく覚えている。

最近では、2009（平成21）年に公開された『ラスト・ブラッド』が記憶に新しい。70年代の東京が舞台の映画で、赤い丸ノ内線車両での撮影をおこなうために、当時の車両が現役で稼働しているアルゼンチンで撮影したそうで、その徹底ぶりに驚いたものだ。

このように丸ノ内線は、人々に夢や希望を与え続けながら、スクリーンでも華々しく活躍している。

後楽園駅は、かつて大きなドームだったってホント？

丸ノ内線が最初に開業させた池袋駅～御茶ノ水駅間は、起伏が非常に激しい形状から、地下鉄を地上に対して平行に建設していった。

しかし、場所によっては外に出たり、高架区間になる場合もある。地下区間から外に出てしまうのは、茗荷谷（みょうがだに）駅～後楽園駅を出たあたりで、厳密にいうと、御茶ノ水駅～淡路町駅間も、神田川を渡る場所は少しだけ日を浴びる場所である。その他にも、１９５９（昭和34）年に開業した四ツ谷駅も地上駅だ。

後楽園駅のドーム型時代の駅舎
／東京メトロ提供

さて、話を地上高架駅として建設された「後楽園駅」に移そう。

現在の後楽園駅は、丸ノ内線の他に南北線が開業していて、地上２階にある「丸ノ内線高架ホーム」と地下６階にある「南北線ホーム」が結ばれている。乗り換えの際の高低差が41ｍもあり、東京の地下鉄のなかで最も高低差があるといわれている。

1994（平成6）年の営団地下鉄時代に完成した駅ビル「メトロ・エム後楽園」は、丸ノ内線のホーム上にあり、東京ドームを訪れた観光客のショッピングスポットにもなっているが、同年よりさらに以前は、そこはカマボコ形の形状で、飛行機の格納庫のような屋根にホームが覆われていた。

外壁には大きく「地下鉄」の文字が掲げられ、屋根には営団地下鉄を表すサブウエイの「Sマーク」も取りつけられていた。この光景は、当時の「後楽園ゆうえんち」の観覧車から見下ろせ、地下から飛び出してきた丸ノ内線電車が、カマボコ屋根のある後楽園駅ホームに滑り込む様子を楽しむことができた。

後楽園駅から池袋方面に向かう電車は、次の茗荷谷駅まで地上区間を走る。ここからは谷を下っていく。茗荷谷という地名は、東京都文京区の西南部。小石川台地と小日向（こひなた）台地の間にある地区で、まさに「谷」の部分だ。地下を走っていた電車が、谷の部分では姿を表すことになる。

ちなみに茗荷谷という地名は、現在は存在しない。駅自体の所在地は「小日向四丁目」にあたる。駅名として残る名称によって、その土地がどういう土地なのかが、推測できるのが面白い。

小石川検車区（奥右側）／筆者撮影

茗荷谷駅は小石川検車区の最寄駅として始発電車の設定もある駅で、丸ノ内線建設にあたっては、当初から中野工場の建設が予定されていた。しかし、予定地である中野富士見町付近の工事が先であったことから、最初に開業させた区間であるこの地に建設された。

小石川地区が選ばれたのは、広大な場所に車両を留置できることや整備の進行状況などを考え、地上のほうが都合がよかったためである。ちなみに車両基地の土台も、トンネル建設で出た残土を利用して整地したといわれている。また、１９５９（昭和34）年に開業した四ツ谷駅も地上駅となっており、これも地形の形状によるものである。

さて、お気づきだろうか？　四ツ谷駅の名称にも「谷」がついているのだ。東京で「谷」という文字がつく地名は、低地であった場所を示すことが多いのである。

国会議事堂前駅が「特殊なトンネル構造」になっているわけ

丸ノ内線の本線（池袋駅〜荻窪駅間）として最後の開業区間である霞ケ関駅〜新宿駅間は、1959（昭和34）年3月15日に開業した。その際に開業した国会議事堂前駅は、国会議事堂の衆議院の敷地の真下にあることから特殊なトンネル構造になっている。同駅から赤坂見附駅方面へと続く約230mにわたっては、日本の地下鉄としては初めてシールド掘削工法で建設されたものである。

しかし、現在のように断面は円形ではなく、半円形（半円形ルーフシールド）と呼ばれる工法で建設された。当時は、地上から掘削をおこなってトンネルを建設する「開削工法」が主流だったが、国会議事堂の敷地内という理由や建物が丘の上に建設されたために地上からの掘削が困難と判断され、工事による地上やその他の地下施設の影響が少ない方法が検討された。結果、日本初のシールド掘削工法で建設されるにいたったのだ。

そもそも「シールド掘削工法」とは、トンネル断面と同じ大きさの巨大な円筒型のトンネル掘削マシーンを地下へ投入し、そのまま地面の下を掘り進んでいく方法

半円形ルーフシールドトンネルの丸ノ内線・国会議事堂前駅付近／筆者撮影

で、地上への影響が少ないという特徴がある。また工事は、地面の下がメインのため、騒音などが地上部に漏れることが少なく、技術面はもちろんのこと環境面でも非常に優れた工法といわれている。

その半面、巨大な掘削マシーンの製造や運用に多額な費用がかかることになり、戦後直後に建設された丸ノ内線にとっては、相当な負担となったに違いない。しかも丸ノ内線（国会議事堂前駅付近）で採用されたシールド形状は「半円形」によるものだ。

当時の写真や図面は記録として入手することは難しい。そこで、それ以降に円形のシールドトンネルが建設された東西線や千代田線の路線の資料を見比べてみると、円形と比べて半円形のほうが形状的に難しい掘削方法で、費用も多くかかったに違いないことがわかる。

丸ノ内線建設当時は戦後直後で、物資が乏しく、費用対効果が厳しくチェックされる時代だっただろう。この半円形シールドトンネルの採用は、丸ノ内線の同区間のみであり、それ以降は採用されていないのも理解できる。

話は変わるが、丸ノ内線の国会議事堂前駅は土地柄、何度か封鎖されたことがある。同駅は国会議事堂衆議院の敷地内にあるため、警備関係の都合上、一時的に封鎖することがあるためだ。これは、衆議院の指示によるもので、駅建設の際に条件として提示された。

実際に、1959（昭和34）年と翌年の1960（昭和35）年には、安保闘争が激化したことによって、駅封鎖が実施されている。

封鎖にあたっては、政府警備局が構内に立ち入るという申し出があったが、営団地下鉄（現・東京メトロ）係員らはそれらを断り、自らの手によって警備を強化したという話を聞いた。それは、鉄道員の意地があったからなのだと思う。

日本で唯一、国会議事堂の最寄駅となった同駅ならではの、貴重なエピソードであろう。

線路が繋がっているのに、丸ノ内線車両が銀座線に入れないのは？

先日、丸ノ内線に乗っていたときのことだ。「丸ノ内線車両は、なぜ銀座線に入れないのか」という会話が耳に入ってきた。いきなり見ず知らずの方に話しかけるわけにもいかず、そのときは無言を貫いたが、他にも同じような疑問を抱いている方がいるかもしれないので、ここにその答えを書かせていただく。

銀座線と丸ノ内線の共通点といえば、線路幅が一緒の１４３５㎜。集電方式は第三軌条方式。いっけん、車両の共通運用が可能なように思える。

しかし、銀座線の車両を丸ノ内線の中野工場でみる機会はあっても、丸ノ内線車両を銀座線の上野検車区でみることはない。それは、丸ノ内線の車両は銀座線に入ることができないためだ。その理由を話す前に、まずは、銀座線の電車を丸ノ内線に転線できる赤坂見附駅について話すことにしよう。

赤坂見附駅は、１９３８（昭和13）年に東京高速鉄道の駅として開業した。すでに建設当初から同駅～新宿駅方面への建設を予定していたため、あらかじめ現在の丸ノ内線が入るスペースを確保した状態で設計されているのだが、今後の需要を考慮したうえで、丸ノ内線の車両が計画よりも大型に設計されることになったため、

丸ノ内線・荻窪駅に入線した銀座線01系の車両／東京メトロ提供

ホームの拡張工事をおこなった。

ここで気になるのが、銀座線車両よりも丸ノ内線車両のほうが大きいということだ。事実、ふたつの路線の車両は、線路幅や集電装置が一緒なだけで、車両の大きさは異なるのである。

銀座線の車両は、1両の全長が16m、車体幅は2・60m。丸ノ内線車両は全長が18m、車体幅は2・83mとなっている。つまり、丸ノ内線車両は銀座線車両よりひとまわり大きいわけだ。この大きさは、当時の大手私鉄の標準的な大きさといえよう。

この車両の大きさの違いこそが、丸ノ内線車両が銀座線に乗り入れることができない理由である。

銀座線の駅や線路は、丸ノ内線車両より

も小さい銀座線車両で設計されているので、レールの曲線具合、渡り線の具合が車両限界を超えている箇所があるためだ。簡単にいうと「曲がりきれない」「脱線の恐れがある」。しかも、車体幅までが銀座線よりも丸ノ内線のほうが大きく設計されているため、車両がホームに接触してしまうという可能性もある。

そのため、丸ノ内線と銀座線の線路は赤坂見附駅で接続はしているが、互いの路線を直通運転できるのは、銀座線車両のみというわけだ。実際のところ、銀座線の車両に重要部検査や全般検査がおこなわれる際には、赤坂見附駅で銀座線から丸ノ内線に転線し、中野工場に入線する回送列車もある。

また、この点を活かした臨時列車もたびたび運転されており、鉄道ファンから注目を浴びている。

丸ノ内線以降に開業した日比谷線も、長らく丸ノ内線と同じ18mの車両を走らせていたが、今後の輸送計画において、この車両の長さが他の路線と比べて短いと乗車定員が少なくなるため、最近になって20mサイズの大型車両を導入している。それは、トンネルの規格調査や標識の一部配置変更をおこなった結果、大型の車両での運用が可能と判断できたからだ。

回送列車や臨時列車の運用という理由だけで、車両のサイズを再検討する可能性は非常に低いだろうが、丸ノ内線車両が上野や浅草まで乗り入れることができたら、それはとても面白い光景であろう。

茗荷谷駅に発車サイン音が流れないのは配慮の賜物だった

いまや、首都圏の鉄道は東京メトロのみならず、多くの路線で発車メロディが採用されている。発車メロディとは、発車に伴って扉を閉める際、乗車促進のために取り扱うメロディ音のことである。

以前は「発車ベル」や「発車ブザー」と呼ばれていたものを「メロディ化」したもので、筆者は発車メロディが流れると、なぜか口ずさんでしまう。それほど、耳に残るメロディが多いと感じる。ちなみに東京メトロでは、発車メロディのことを「発車サイン音」と呼んでいる。

東京メトロの発車サイン音の始まりは、営団地下鉄時代に開業した南北線（駒込（こまごめ）駅〜赤羽岩淵（あかばねいわぶち）駅間）の部分開業時から採用された。以降、その他の路線は東京メトロに移管してからの２００８（平成20）年ごろからである。

丸ノ内線に発車サイン音が採用されたのも、同年6月のことであった。使用開始当初は、車両に搭載されている車外スピーカーによるものであったと記憶している。

住宅街に近い茗荷谷駅／筆者撮影

試験的に車外スピーカーによる発車メロディ（以下：車外メロディ）を使用していたのにもかかわらず、地上部の後楽園駅と茗荷谷駅は、ホーム備え付けの「発車ブザー」の使用を続けていたが、後楽園駅のほうは、ホームドア設置とワンマン運転開始に伴って車外メロディに変更された。

その後、茗荷谷駅でも発車ブザー音から、駅の「発車サイン音」に変更された。しかし現在は、発車ブザーに戻されている。

なぜ、結果的に単調で音階に変化がない「発車ブザー」に戻されてしまったのかが気になり調べたところ、茗荷谷駅という立地条件によるものであろうと考えた。

前の項目で述べたように、茗荷谷駅の周辺は小石川台地と小日向台地の間にある「谷」のエリアである（茗荷谷駅自体は、高台にある）。しかも、高級住宅が立ち並ぶ閑静な場所だ。高頻度で運行されている丸ノ内線が発着する茗荷谷駅は、数分ごとに発車サイン音が繰り返し流される。茗荷谷という地形から、周辺にメロディ音が響き渡るので、住宅街という土地柄を考慮したのではないか、と推測できる。

現在、東京メトロ全線では、従来の発車ブザーから発車サイン音に切り替えつつあるが、茗荷谷駅に関しては、今後も切り替えられることはないのではないかと思われる。

発車サイン音の廃止に伴い、掲示された茗荷谷駅のポスターには、「スムーズな乗降をお願いするとともに、最終列車を利用されるお客様は、乗り遅れないようにご注意ください」とある。その文面からは、東京メトロとしての利用者への配慮が感じられる。

それでは、発車サイン音がなかった発車ブザー時代はどうだったのかというと、普通に使われていたそうだ。

ともあれ、茗荷谷駅に発車サイン音が入らない理由は、東京メトロの配慮の証しといえるであろう。

❸日比谷線

五輪と縁深し?! 急カーブにも負けない「いぶし銀」の魅力

中目黒 H01
恵比寿 H02
広尾 H03
六本木 H04
神谷町 H05
霞ケ関 H06 C M
日比谷 H07 Y C
銀座 H08 M G
東銀座 H09
築地 H10 Y
八丁堀 H11
茅場町 H12 T
人形町 H13 Z
小伝馬町 H14
秋葉原 H15
仲御徒町 H16 G
上野 H17 G
入谷 H18
三ノ輪 H19
南千住 H20
北千住 H21 C

東京メトロ・東急・東武。3者の「共通設計」の車両とは？

日比谷線の最近の話題といえば、2016（平成28）年に登場した新型車両13000系が思い浮かぶ。同線の3代目車両としてデビューした13000系の最大の特徴といえば、これまで活躍した先代の車両とは異なり、20m車体を擁することである。

日比谷線は、長い間18m車両であった。南千住駅～仲御徒町駅間が開業した1961（昭和36）年は、1964（昭和39）年の東京オリンピックに伴う交通整備によって、地下鉄のみならず、東海道新幹線、高速道路の開通など、交通産業界も目覚ましい発展を続けていた時代であった。

営団地下鉄（現・東京メトロ）はそれまで、銀座線と丸ノ内線の整備をおこなってきたが、3番目の地下鉄路線として、日比谷線の整備を開始していた。61年の部分開業に向けて、日比谷線車両の計画にも入ったわけだが、1957（昭和32）年には中目黒駅と北千住駅から、それぞれに東急東横線と東武伊勢崎線に相互直通運転をおこなうことを3者の間で合意決定し、使用する車両についても共通の規格で考案された。

開業当初の中目黒駅。東急の車両に合わせて18m車体となった日比谷線3000系（左）／東京メトロ提供

営団地下鉄は、東京急行電鉄や東武鉄道の地上を走る鉄道が使用している線路幅（1067㎜）に合わせ、さらに集電方式は架空電車線方式（パンタグラフから電気を取り入れる方式）を初めて採用することになった。これらに関しては、東京急行電鉄や東武鉄道の両社は当初から同規格であったので問題はなかったが、それぞれの車両の長さが異なっていた。

当時の東京急行電鉄で活躍していた主力車両の車体長は、18mの3扉車体。東武鉄道は、少し大型の20m4扉車体であった。3者協議の結果として18m車体を採用したわけだが、この理由として営団地下鉄は、建設予定地の見通しから急カーブが多い路線となったために、18mの短い車体の採用を主張したようだ（当時、東京急行電鉄も18m車体が主流だったため、それに合わせる形で主張したのかどうかは定かではない）。

日比谷線が開業し延伸を続けると、中目黒からは東京急行電鉄の7000形が、北千住からは東武鉄道の2000系が18mの車体で乗り入れてくるようになった。営団地下鉄も、日比谷線の開業時から18m車体の3000系や、その後の03系を使用し続けたが、東京メトロになり、それ以降の新型車両として2016（平成28）年に登場したのは、20m車体をもつ13000系であった。

実は、直通運転を始めた当初は18m車体が主流であった東京急行電鉄も、時の流れとともに20m車体が主流になり、今後のバリアフリー対応やホームドア設置の観点からも、車両規格が見直されたと思われる。このことによって、18m車体8両編成（編成全長：144m）だった車両の長さが、20m車体7両編成（編成：全長140m）に変わったわけだ。

こうして3者の車両規格が20m車体に統一されたのだが、当時の情勢の変化などによって、東急東横線と日比谷線の直通運転が見直された。その結果、すべて中目黒駅発着、日比谷線は東急線に乗り入れない運用に変更され、2013（平成25）

年3月16日から実施されている。

これは、東急東横線側において、13年に副都心線と相互直通運転を開始したことや、相鉄線との相互直通運転を開始する関係上、運用のキャパシティを超えてしまうことを考慮したうえでの対応ではないかと推測する。

ただ、当時の東京メトロのプレス発表をみると「なお、東急東横線との直通列車をすべて中目黒始発終着に変更します」とある。今回の処置はあくまでも運用変更によるもので、今後の状況の変化によっては、日比谷線と東急東横線との直通運転が再開する可能性もあるとみるのは、筆者だけではないだろう。

一方、東武線側からは2020年度より有料着席サービス列車の導入を計画している。東武鉄道が製造した70000系車両をベースとした「ロング・クロスシート」転換式の車両が誕生する予定だ。日比谷線は六本木や霞が関など歓楽街や官庁オフィスが多くあるため、需要は高いだろうと思われる。

あれほど急カーブが多いのは、オリンピック工事と関係あり！

日比谷線に乗っていると、急カーブと急勾配の連続を体感できる。日比谷線のルートは、1962（昭和37）年の都市交通審議会答申第6号において、東京2号線として予定されていた区間で「中目黒方面より六本木、霞ケ関、築地、茅場町、上野及び三ノ輪の各方面を経て、北千住方面に至る路線」と記されている。

お気づきであろうか。日比谷線は計画されている当初から、現在の日比谷線と路線系統が変わっていない。当時は地下鉄のトンネル工事といえば、ほぼ全線にわたって「開削工法」で建設されている。日比谷線も同様の方法だが、１９６４（昭和39）年の東京オリンピックの開催に間に合わせるために突貫工事をしなくてはならなかったのか、建設許可が下りやすい道路下をルートとしている場所が多い。

そのため、進行方向が変わるような場所では地上の交差点内に沿ってカーブがつくられたので急カーブが非常に多い。開業当初から長らく18ｍ規格で車両が製造されていたのもこの理由からだ。

なかでも、茅場町駅〜人形町駅間では半径１２６ｍのカーブがいちばんきつく、茅場町駅を出た電車は新大橋通りの真下を通って右折するが、水天宮前の交差点手前で左にカーブして人形町駅に入っていく線形になっている。

その他、日比谷駅〜霞ケ関駅、築地駅〜東銀座駅、神谷町駅〜六本木駅間でも、半径１３０ｍ程度の急カーブが存在する。これらの区間では電車が車輪を「キーン、キーン」ときしませながら走行していく姿を目にすることができる。

急カーブを進む日比谷線03系／筆者撮影

さらに日比谷線には急勾配も存在する。それは三ノ輪駅～南千住駅間で、三ノ輪駅から南千住駅に向かう際に、電車が地下から地上の高架線へと上がっていく区間だ。

勾配の角度は39‰（パーミル）もあり、これは電車が1㎞進むごとに39mの高低差が生じることで、省令などの解釈基準（35‰）を超えた高低差になっている。これは特例の急勾配区間であり、日比谷線8両編成に対して、電車の最前部と最後部の高低差が約5・6mにもなる。なぜこうなってしまったのかというと、南千住駅の手前にあるJR常磐線の貨物線（JR隅田川駅構内）をまたぐ必要があったからだ。

しかも、勾配を上りながら北千住駅方向へと進路をとったために、カーブもきつい。運転士の間でも当時から、「難所」「魔の勾配区間」などといわれていたようで、ラッシュ時間帯に満員となった電車を南千住駅方向に進め上げるのは、速度調節にかなりの技量が必要だったという。

このように、急カーブや急勾配が連続する日比谷線だが、表定速度（運転時刻表制定速度）は28・3㎞／hといわれている。このスローな速度は、東京メトロ全線において、銀座線に次いで2番目に遅く「なぜ日比谷線はノロノロ走るの？」といわれることが多いが、その大きな理由はこれまで説明してきたとおり「急カーブと急勾配の連続だから」だ。

日比谷線の北千住駅〜霞ケ関駅間の所要時間は29分。同じ区間であとから開業した千代田線の所要時間は23分と6分の差が生じる。

そのことを知ってか、東武線方面からきた利用者で霞ケ関方向に向かう人が、わざわざ北千住駅で千代田線に乗り換え、同駅が大混雑したという話を聞いたことがある。

走る実験室?! さまざまな試験が行われた日比谷線

日比谷線の過去を振り返ってみると、実にさまざまな試験がおこなわれていたことがわかる。銀座線と丸ノ内線に比べて、日比谷線は実験要素的な事案が多かったといえる。ここでは、ふたつの試験運行をご紹介しよう。

東京湾岸地区を運行する新交通システムの「ゆりかもめ」や、東京メトロ南北線などで使われているＡＴＯ（自動列車運転装置）をご存じだろうか。日本で初めてこの装置が試験的に運用されたのは名古屋市営地下鉄だが、営団地下鉄では日比谷線において、１９６２（昭和37）年から全線にわたって10年以上（終了時期は不明）も試験運用された。

ＡＴＯとは、文字どおり列車の発進から減速、停止まで、運転に関わるすべての操作を機械に任せた制御装置のことである。運転士は「戸締め」を確認したら「スタートボタン」を押すのみとなる。

営団地下鉄は、古くから電機メーカーと協力してこの装置の開発に力を注いできた。その一環として、62年の2月に実際の営業路線（南千住駅～入谷駅間）で３０１５編成にＡＴＯ装置を仮設で搭載し、自動運転の実験がおこなわれた。この実験で停止位置も±20㎝程度で収まり、良好な実験結果が出た。

2月26～27日には営団地下鉄内で公開試運転がおこなわれたのち、4月16日には報道関係にも公開された。当時は画期的な出来事であったため、営団のＡＴＯ運転は一躍脚光を浴びることになった。

さまざまな試験がおこなわれた日比谷線3000系／東京メトロ提供

１９６４（昭和39）年9月8日には南千住駅～人形町駅間などでもＡＴＯによる自動運転が開始されたが、運用はあくまで試験的なものであり、３０００系の２編成（３０３５編成・３０７３編成）にのみ搭載されていたようだ。

日比谷線のＡＴＯ運転はとくにトラブルもなく、実験は大成功となった。

残念ながらその後の情勢の変化によって、すぐに本格的に採用することはなかったが、試験運行で得た実験データなどは、１９９１（平成3）年に開業した南北線から活かされるようになった。

そしてもうひとつ、特筆すべき試験は、２０１８（平成30）年1月29日から一定の期間のみおこなわれた「車内ＢＧＭ」

である。

日比谷線に2016(平成28)年から登場した13000系には、車内スピーカーに高音質のステレオ放送システムを搭載しており、BGMなどの音楽を流すことができる。本来は、スピーカー試験用として点検時やイベント用に音楽を流していたようだが、営業列車内で、たまたまBGM機能を誤って取り扱ったことがあった。このとき、一部の乗客に好評であったため、ならば本格的に試験運用をしてみよう、という流れになった。

車内BGMの試験運用がおこなわれたのは、18年1月29日。昼間のA線・B線(通常の鉄道でいう上りと下り)、2本ずつでおこなわれた。流された音楽は、『花のワルツ』などクラシック系の5曲だったという。東京メトロとしては「通勤電車内でBGMを流すと、どのような効果があるのかをみてみたい」という気持ちがあったようだ。

筆者も実際に、BGMが流れた車両に乗ってみたが、音楽がかすかに鳴っていた。「音量が小さすぎるのでは?」と思ったが、通常の音量で流してしまうと耳障り(みみざわ)りになってしまうことも考慮したのかもしれない。細部まで配慮された車内BGMは、すばらしい取り組みだと思う。

20年に開業される「虎ノ門ヒルズ駅」の全貌とは?

２０２０年に開催される東京オリンピック・パラリンピックがいよいよ近づいている。２０１８（平成30）年に話題となったニュースのひとつに、この東京オリンピック・パラリンピックに向けて建設されている新駅があり、多くのメディアで報道され注目を浴びた。

東京メトロでは、日比谷線・霞ケ関駅〜神谷町駅間に新たに駅が誕生する。18年に正式駅名を「虎ノ門ヒルズ」駅とすることが発表された。

同年にＪＲ山手線、京浜東北線・田町駅〜品川駅間に新たに設けられる駅の名前も発表されたが、こちらはその駅名を巡ってひと騒動起きてしまい、駅名のつけ方の難しさを痛感させられる出来事となった。

虎ノ門ヒルズ駅に関しては、駅の所在地そのものが虎ノ門ヒルズであることもあり、駅名を巡った問題も耳にしない。この虎ノ門ヒルズ駅は20年に開業が予定されており、現在急ピッチで建設が進められている。

現時点で判明しているのはホームが相対式の2面2線になることで、少し距離はあるものの、銀座線・虎ノ門駅と結ばれる４３５ｍの地下連絡通路が設けられ、雨

虎ノ門ヒルズ駅の駅名看板／東京メトロ提供

の日でも濡れることなく乗り換えが可能だ。

駅直結の「虎ノ門ヒルズステーションタワー」は高さ約265mの複合高層ビルになるようで、低層階にはレストランやショッピングセンター、国際水準の宿泊機能を備えたシティホテル、外国人就労者のための情報拠点としての機能をもつ施設も整備する予定である。

また中層階には多くの企業の事務所が入り、高層階にはビジネスの拠点となる企業がプレゼンテーションなどのイベントを開催できるスペースが整備される。現時点で公開されている虎ノ門ヒルズ駅の断面図をみると、地下駅でありながら左右に駅前広場が設けられ、広々とした空間がつくられるようだ。

虎ノ門ヒルズ駅は、20年に仮完成として営業を開始し、22年度の最終完成を目指している。

なお、現在の虎ノ門ヒルズへのアクセスは、銀座線の虎ノ門駅から徒歩約5分、丸ノ内線・日比谷線・千代田線の霞ケ関駅からは徒歩約8分となっており、駅から歩くと少し時間がかか

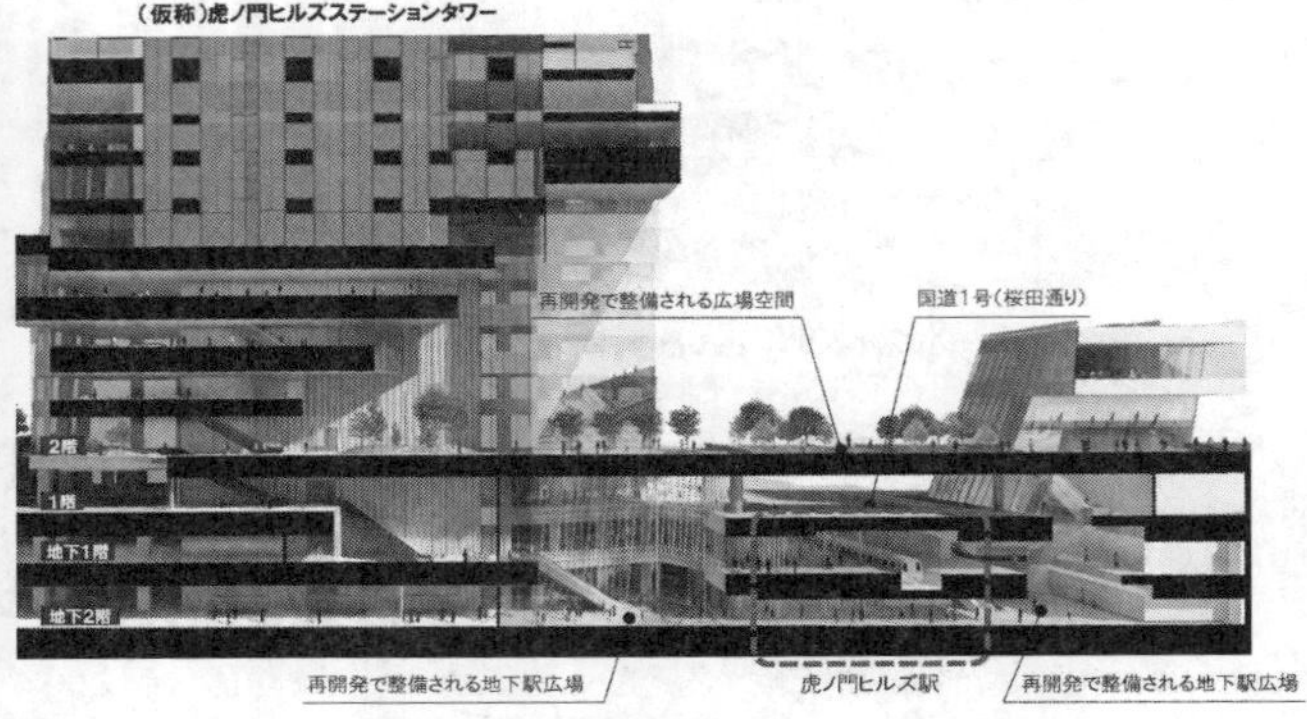

虎ノ門ヒルズ駅の完成断面図イラスト／東京メトロ提供
(「国家戦略特区HP」より引用)

ってしまう。日比谷線の虎ノ門ヒルズ駅が完成すれば、駅から地上に出てすぐ目の前が虎ノ門ヒルズになるため、より便利になるだろう。

他にも20年といえば、日比谷線を含む東京メトロの全路線において、外国人向け無料Ｗｉ－Ｆｉサービスの利用が可能になる予定だ。東京オリンピック・パラリンピックに向け、東京メトロはＪＲ東日本と共に「オフィシャルパートナー（旅客鉄道輸送サービス）」に決定されている。さらにその主役は、東京メトロの日比谷線といっても過言ではないだろう。

２０２０大会開催までの日比谷線、さらに大会以降の日比谷線から、これからも目が離せない。

長野から里帰りした「マッコウクジラ」って?

東京メトロのなつかしの名車たちといえば、銀座線の1000形、丸ノ内線の300形が有名である。

銀座線1000形は、東京地下鉄道(現・東京メトロ)を開業時から支え、丸ノ内線300形は、戦後の暗い状況下にあった人々に希望をもたらした。共に、社会の荒波を乗り越えてきた歴代の車両たちである。

昔の地下鉄は新線が開業するたびに、その時代の最先端の技術が注ぎ込まれ、先進的な車両が登場してきたが、日比谷線用車両の3000系もそのひとつである。すでに1994(平成6)年に全車が引退しているが、その活躍はすばらしかった。製造にあたっては、前述のとおり営団地下鉄をはじめ、当時の直通運転相手だった東京急行電鉄と東武鉄道の3者において、車両規格などを協議しながら検討されていた。

地上鉄道(東京急行電鉄と東武鉄道)との統一規格で設計された3000系は、ほぼ地上の鉄道車両と変わらない姿をしており、車体は鋼製、外板のみステンレス板を使用した「セミステンレス製車体」である。また、前面の車両運転席部分のデザインにもこだわりがあり、前面ガラスに曲面ガラスを採用し、乗務員の視認性を向上させた。

さらに、車体全体に丸みをもたせて裾絞りのあるタイプになったため、柔らかい印象の形状から「マッコウクジラ」という愛称で呼ばれ、長い間親しまれた。内装も明るい色の化粧板が採用されるなど、それまでの地下鉄車両とは異なる特徴をもつ車両であった。

1962（昭和37）年からは、仲御徒町駅〜人形町駅と南千住駅〜北千住駅間が順次延伸開業され、北千住からは東武鉄道・伊勢崎線との相互直通運転が始まった。当時の東武鉄道には木造の古い電車が多く残っており、ステンレスの輝きをまとった3000系が直通してくると「特急列車のようにみえ、これに乗ると優等料金を支払わないといけないと思った」という理由によって、列車を見送ってしまった乗客がいたという。

確かにそのころの東武鉄道は、7300系という旧国鉄型の払い下げ電車も現役であったうえ、東武鉄道が日比谷線直通用として用意したのは普通鋼体製の2000系であった。まだ農地が多かった埼玉県内を、ステンレス製の3000系が走る姿は「特別列車」と勘違いをさせてしまうほど斬新なものであったはずで、優等列

長野電鉄で活躍している3000系／筆者撮影

車だと思うのも仕方がないだろう。その後も活躍を続けたが、1988（昭和63）年に登場した置き換え用の03系の登場により、徐々に姿を消していった。

一部は長野県の私鉄路線「長野電鉄」に譲渡され、第二の人生を送っているが、その長野電鉄でも3000系の引退が始まった。その後、東京メトロは3000系2両（3001号車・3002号車のみ）を「社員の技術伝承のために引き取りたい」と、長野電鉄に依頼。里帰りしてからは、綾瀬の車両基地にて技術継承のために復元がおこなわれ、2015年には生まれ育った日比谷線の千住車両基地に移動したという。

3000系が登場したころの東京は、オリンピック景気に乗っていた時期であった。2020年には2度目の東京オリンピックが開催される。このままいけば、長野電鉄で活躍する3000系は現役の営団車両で唯一、2度目のオリンピックを迎えることになりそうだ。

東急線との相互直通運転が再開される可能性がゼロでないわけ

日比谷線は東武鉄道のスカイツリーライン（伊勢崎線・日光線）と相互直通運転をおこなっているが、つい最近までは、中目黒駅から東急東横線とも相互直通運転をおこなっていた。

東急東横線と相互直通運転を始めたのは、1964（昭和39）年8月29日にさかのぼる。まさに、日比谷線が全線開業したと同時に始まり、当初の直通区間は日吉駅（神奈川県横浜市）までだったが、その後、菊名駅まで延長されている。

そもそも日比谷線の計画時から、日比谷線と東急東横線の相互直通運転が計画され、車両の規格まで共通に考案されていた。当初は、輸送人員の予測から東急線から乗り入れてくる日比谷線直通列車を8両編成で運用し、東武線からの直通列車を

中目黒駅に停車中の日比谷線車両／筆者撮影

6両編成で運用する予定であった。ところが、予想以上に東武線の沿線人口が飛躍的に伸びたため、両者とも8両編成での運転となる。

一方、東横線側は予想していた輸送人員を大幅に外してしまい、東武直通に比べて東急の直通は運転本数が少ないという結果になってしまった。２０１３（平成25）年の3月16日には、日比谷線と東急東横線との相互直通運転が終了し、代わって副都心線・東武東上線・西武池袋線などが、東急東横線と相互直通運転をおこなうことになった。

現状では、東横線区間で一部が並行している目黒線から、南北線・都営地下鉄三田線・埼玉高速鉄道線とも相互直通運転をおこなっており、将来的には相模（さがみ）鉄道の電車も、東急目黒線で直通してくる予定になっている。そうなった場合、同区間を走る路線には、さまざまな路線の電車が乗り入れるようになり、線路容量の許容範囲が限界に近づいてきていると思われる。

東急東横線の旅客動向を考えると、中目黒駅で日比谷線に乗り換えるよりは、渋谷駅まで行く人のほうが多かったのだろう。そのため、線路容量の許容範囲が限界に近づいた時点で、日比谷線直通列車の中止がおこなわれたのかもしれない。

しかし、東急東横線を利用していると、日比谷線の車両が走行しているのを目にすることがある。これは回送列車で、東急田園都市線にある鷺沼(さぎぬま)車両基地への入出庫運用である。東急田園都市線は、東京メトロ半蔵門線と相互直通運転をおこなっており、半蔵門線開業に伴って、鷺沼に車両基地を設けたのだ(184ページ参照)。

鷺沼車両基地は大規模な車両工場を備えており、日比谷線車両が東急線の線路を通じて、鷺沼にある自社工場に車両を移動させている。その関係から、現在でも日比谷線車両には東急線を走行できる保安装置が搭載されており、今後もダイヤの融通と需要が高まれば、東急東横線と日比谷線の相互直通運転が再開される可能性も、まったくないわけではないと考えられる。

❹東西線

「はやさ」への情熱はNo.1！
混雑改善へひた走るハイライトブルー

花形路線の運転士が誇る驚異の運転テクニックとは？

私たちが鉄道を利用するとき、駅に行くと必ず目につくところに掲げられているのが時刻表や行先案内機。そこには「○時○○分××行き」のように、分単位の時刻が掲出してあるはずだ。しかし、実際に鉄道を運行している側では、もっと緻密なダイヤが組まれている。

それを知る最も簡単な方法は、運転台のすぐ後ろに陣取り、運転士の前に差し込まれている行路表（事業者によって名称は異なる）という運転士用の各駅の着発時刻表をみることである。

非常に小さな文字なので、オペラグラスでも用意していかないとみえづらいが、そこには例えば、大手町「15:05^{30} 15:06^{45}」などと記載されている。大手町に着くのが15時05分で、発車するのが15時06分であることは、察しのよい方であれば簡単にわかるだろう。

だが、０５の30乗や０６の45乗は何を示すのだろうか？ 実は、鉄道の現場で使う時刻表は、○時○分○秒と秒単位なのである。先の場合も5秒単位の時刻表の場合、「05^{30}」は05分30秒を示し、「06^{45}」は06分45秒を示す。

当然のことだが、ローカル線では分刻みや30秒刻みのダイヤが主流であり、大都市の混雑路線になればなるほど、単位が細かくなっていき、最小単位は5秒目となる。参考までに、到着時刻とは列車が止まった時刻、発車時刻とは列車が動き出した時刻であり、ドアの開閉タイミングとはシンクロしていない。

さて、前置きが長くなってしまったが、東京メトロは当然ながら秒単位のダイヤで運行されている。われわれ利用者からすれば、「5秒単位の運転なんて必要なのか?」「できるのか?」という疑問も出るが、丸ノ内線の項で述べたように、1時間に30本前後も走る路線では、たとえ5秒の遅れでも積み重なれば大きな影響を招いてしまうのだ。

そして、その5秒単位の運転を可能にしているのが、実は運転士の腕だ。列車の運転には「動力車操縦運転免許」という国家資格が必要で、日本中すべての列車の運転士は同免許を取得している。しかし、一般の鉄道路線に比べて、地下鉄の運転環境は厳しい。そこで、どこの鉄道路線でも運転士は、おおよその速度を感覚的に習得しているのだ。

例えば、メーターをみずとも、ぴったり時速55km/hで走るという職人技ができる。運転士は、前方から流れてくる景色や走行音などから、その感覚をつかんでいるという。

しかしながら、暗いトンネル内ばかりを走る地下鉄では、景色など視界の情報から速度感覚を養うのは非常に難しい。普段の業務で経験を積むことにより、速度感覚を養うしかない。これぞ匠(たくみ)の技である。そんな匠の多い路線といわれるのが東西線である。

東京メトロ自身も花形路線と呼ぶ東西線であるが、他のメトロ路線とやや異なる運転環境が多い。まず、自社線内を快速列車が運行していること、そして地上区間があるため時速100㎞/h運転をしていることだ。

地下区間の多くは道路下を走っており、交差点下などで進路方向を変えるため、カーブが多く、さらに既存の地下施設を避けながら走っているのでアップダウンも激しい。匠が運転するのにふさわしい路線である。

列車はカーブを通過する前に適正な速度に落とすが、カーブ通過時には物理的なブレーキもかかり、速度が低下する。当然、上り坂でも速度は下がり、逆に下り坂では速度が増す。

そのために、常に一定でスムーズな運転となるように加減速の技術が求められる。しかも、列車は編成により癖があり、相互乗り入れ先であるJRの車両も運転することになるため、運転士にはより高度なテクニックが求められる。駅で停車する際も、ホームドアの関係で停止目標の前後75㎝以内での停止が求められる。東西線は先述のとおり、地上区間も多いため、地下鉄であっても降雨や降雪の影響を受けやすい。そのなかでの5秒単位の運転は、匠を通り越して、もはや神という表現のほうが正しいと思う。

普段、混雑ばかりが話題になってしまう東西線だが、ぜひ、神ワザ運転を体感していただきたい。混雑していることすら忘れてしまうはずである。

大都市TOKYOを体感でき、混雑率、輸送量ともNo.1！

大型連休や年末年始など鉄道の繁忙期に入ると、ニュース番組などでは「○○新幹線は混雑率180％です」というフレーズがよく使われる。この180％という数字は、車両の定員に対してのパーセンテージである。

我々がよく利用する自家用車などは、セダンであれば5人が標準的な定員であろう。定員以上を乗せると道路交通法により罰せられる。これは、自動車の定員が「保安定員」という枠組みで設定されているからだ。保安定員とは、それ以上乗車すると、運転に際して危険を伴うことが考えられる、というものである。

しかし鉄道車両の定員は、保安定員とは異なる。座席数と床面積（1人当たり0・14㎡、おおよそ37㎝四方）から算出した「サービス定員」であり、通常では運行にまったく支障のない状態の定員をいう。

朝の通勤通学時間帯、東京のど真ん中を走る山手線は外回りで159％、内回りでは165％（国土交通省調べ）の混雑率だそうだ。

側面からみると、車内はまさに人垣で反対側がよくみえない。普段通勤列車を使わない人であれば、乗車を躊躇してしまうほどだ。ちなみに混雑率とは、日本民営鉄道協会のHPによると「150％で肩が触れ合う程度、180％で身体が触れ合う程度、200％で相当な圧迫感がある」と表現されているが、これは若干優しい表現であろう。

ところで、東京メトロには山手線を上回る混雑率199％という路線がある。そう、東西線だ。東西線は、中野から高田馬場、飯田橋、大手町、木場、浦安などを経て西船橋にいたる路線で、文字どおり、東京の中心を東西に貫通して走っている。

もともと東西線は、1960年代に300％近い混雑率を呈していた国鉄総武線の混雑緩和策の一環として開業した路線であった。そのため、中野ではJR中央・総武緩行線、西船橋ではJR中央・総武緩行線および東葉高速鉄道と相互乗り入れ運転を実施している。

日本の地下鉄のなかでも、両終点で同じ路線に接続し、相互に乗り入れているのは、東西線だけである。

さらに、全線開業の後は多くの利用者が予想されていたので、車両は営団地下鉄（現・東京メトロ）では初の20m車体となった。このような経緯があり、東西線は現在でも、東京メトロでいちばん混雑する路線となっている。

ちなみに、東京メトロ混雑率トップ4を挙げると、①東西線199％、②千代田線178％、③半蔵門線173％、④丸ノ内線165％となる。2位以下が拮抗しているのに対して、東西線はダントツの1位である。

ところで、この混雑率は通勤通学時間帯など、列車がいちばん混雑しているときの数値である。鉄道には混雑時のピーク時と、閑散時のオフピーク時がある。そのため、混雑率が高い路線＝輸送人員が多いとは限らない。

日本民営鉄道協会の資料によれば、東京メトロにおける、1日の平均輸送人員ベスト4は、①東西線145万人、②丸ノ内線135万人、③千代田線126万人、④日比谷線120万人。

結局、最大の混雑率も、最大の輸送量も、実は東西線が首位を独占していることになる。いかに1日を通しての利用者が多い路線なのか、おわかりになるだろう。

東西線は、中央官庁街を走るかと思えば、下町情緒を味わえる街をも走っている。日本一、いや世界一とも思える混雑率も含め、世界に名だたる大都市ＴＯＫＹＯを身をもって体験できるような路線なのだ。

銀座線や丸ノ内線に比べると、やや地味だが、東京の鉄道を代表する路線といえるはずだ。

メトロが本気で大改造中！ 南砂町駅はこう変わる

東西線は前述のとおり、東京メトロのなかでも輸送人員の多い路線として認知されている。

なかでも平日の朝ラッシュ時間帯には、全国的にみても非常に激しい混雑のために、列車の慢性的な遅延も発生している。ラッシュ時の乗車率は199％。1時間の間に最大27本の列車を運行しているが、遅延が大きくなればそのぶん運行本数も減ってしまう。

そのたびに列車運用の変更や運転間隔の調整をおこないながら、日々を乗り切っているという状況だ。東京メトロとしては、東西線の激しいラッシュ対応策として、

登場時の東西線15000系車両。
混雑緩和のためワイドドアを装備している／東京メトロ提供

2010（平成22）年からワイドドアを装備した15000系を導入した。これは、乗降用のドアの幅が通常の車両よりも広く設計されている車両だ。

乗降ドアの幅を1800㎜として、各駅での乗降時間の短縮を図っているが、混雑の状況が想定する輸送人員をさらに上まわることもあってか、そこまでの効果はなかった。そのため、駅周辺の施設などの抜本的な改良が必要になったのだ。

中期経営計画「東メトロプラン2021」によると、改良が予定されているのは茅場町駅、木場駅、南砂町駅である。

なお、計画の一端である門前仲町（もんぜんなかちょう）駅は中野方面行きのホームが拡張され、東陽町（とうようちょう）駅は西船橋方面への改札口や出入口の新設が完了している。

まず、「茅場町駅」はホームを40m延長し、エスカレーターなどの増設を予定している。「木場駅」は大幅にコンコースの拡張を予定しているが、なかでも「南砂町駅」での改良は、線路とホームを新たに増設するという大規模なものだ。

現在の南砂町駅は、地下構造である。島式ホーム1面で中野方面と西船橋方面の線路が対面で使用されている。ここで気になるのが、「地下構造」という点だ。

運行中の地下駅に空間を広げる工事をおこない、そこに新たなホームと線路を増設するというものである。考えただけで、「どんな大工事をおこなっているのだろう?」とワクワクしてしまう。

この工事が完了すれば、南砂町駅は島式ホーム2面、線路は3線（西船橋方面1線・中野方面2線）となる。

ラッシュ時間帯には、中野方面の列車が停車中でも後続の中野方面の列車を到着させることができるため、いわゆる「交互発着」が可能になり、列車が停止信号によって駅と駅の間で停車してしまうなどのケースを減らすことができる。これで、列車の流れもスムーズになるはずだ。

工事中の南砂町駅／筆者撮影

南砂町駅の完成予想図／東京メトロ提供

また、中野・西船橋の両方向を島式ホーム1面で使用していたものを、中野方面、西船橋方面と方向別に2面で使用できるようになるため、ホーム上での混乱も解消されるのではないかと期待されている。

今回の南砂町駅大改良工事に伴う工事区間は440ｍにもおよび、2013（平成25）年8月から工事に着手している。総工費は、約340億円をかけて2027年度の完成を目指している。

毎日の通勤通学ラッシュに大変な苦労を強いられている利用者や東京メトロ社員のためにも、1日も早い完成を願ってやまない。

地下区間のみでの開業で、車両はいかに搬入されたか

東西線で最初に開業した区間は、九段下駅〜高田馬場駅（4・8㎞）。1964（昭和39）年12月23日のことである。

日比谷線までは開業時、車庫は地上に備えることができたが、東西線の場合、地下区間のみでの開業となった。本来ならば、地上部分に車両基地を整備してから地下区間へ通じる線路を建設し、車両を乗り入れる方法が通例だと思われる。

しかし、開業が独立した地下区間であったため、地上から線路を通じての車両搬

竹橋駅付近にて車両搬入の様子／東京メトロ提供

入が不可能であり、建設中の竹橋駅（九段下のひとつ先）付近に車両搬入口用の立杭を設けて搬入した。具体的には、1両ずつ大型クレーン車で地下の線路へと搬入をおこなったのだ（通常時は蓋がされていた）。

開業時に必要だったのは、全部で18両。先に台車を下ろしてから車体を下ろすという作業の繰り返しで、東京オリンピック（昭和39）が終了してすぐの1964年10月26日から約1か月半かけて、それはおこなわれた。

最初の九段下駅〜高田馬場駅開業で使用した車両の搬入口は、工事完了後に地上の設備を復旧させ、地下部分の留置線としては九段下駅の側線を設け、「飯田橋検車区」として使用を開始した。

車両搬入に使用したと思われる側線（10両編成分）1線の留置線を備えている。場所は九段下駅〜飯田橋駅間と、車両搬入口（竹橋駅付近）とは場所が異なるが、かつてこの場所が初期開業時に伴い、車両搬入に関わった場所であることはまず間違いないだろう。

東西線が中野駅まで延伸し、国鉄（現・JR）中央・総武緩行線と相互直通運転が始まると、当時の国鉄三鷹（みたか）電車区内に「飯田橋検車区三鷹出張所」を設立した。

しかし、車両収納能力がすぐに限界に達してしまい、そのたびに国鉄にお願いして、営団地下鉄（現・東京メトロ）の車両を他の車両基地に移動させてもらったこともあるという。

当時の東京は、地下鉄の建設ラッシュで数々の新路線が建設されていった。そのなかでも車両基地が大きな課題になり、東西線車両に限らず、他社線の車両基地内に地下鉄車両が留置される姿が多くみられた。

ちなみに東西線の「飯田橋検車区」は、1967（昭和42）年の東陽町駅までの延伸が完了し、東西線用として深川検車区・深川工場（工場は1968〈昭和43〉年と記録）が設立されたことで、飯田橋検車区は廃止となった。

なお、地下への搬入は現在も都営新宿線・大江戸線などでおこなわれているが、これらはあらかじめ備えつけられた大掛かりな装置によって地下の車両基地へ搬入しており、当時の東西線でおこなわれていた移動式クレーンのような簡易的なものではない。

東京メトロでは、他社線区に通じていない銀座線や丸ノ内線の車両搬入は、トレーラーなどで陸送されてはくるものの、車両基地が地上にあるため、地下の駅間線路に直接搬入される方法はとっていない。

南北線の地下車両搬入の様子
／東京メトロ提供

東京メトロの路線において「地下の駅間線路」に直接車両を搬入させる方法は、地下部分のみで開業を進めた東西線の「九段下駅〜高田馬場駅」の開業時のみにとられたものだと記憶している。ちなみに南北線での地下部分開業時は、車両基地での地下搬入である。

中央・総武緩行線を抑えて〝ドル箱路線〟になれたのは？

東京メトロ東西線は中野駅からＪＲ山手線の内側、大手町や日本橋を抜けて西船橋駅にいたる路線である。

西船橋からは東葉高速鉄道線（東葉勝田台駅まで）とＪＲ中央・総武緩行線（津田沼まで）、さらに中野駅からも三鷹駅までＪＲ中央・総武緩行線と相互直通運転をおこなっている。

このように、始発と終点で同じ路線と相互直通運転をおこなう形は珍しい。ＪＲ中央・総武緩行線はその名のとおり、中央線と総武線の各駅停車を担う路線で、東西線の開業までは山手線の内側を東西に貫く唯一の路線であった。

つまり、千葉・東部東京方面と西部東京方面から都心を結ぶ路線であるために大変混雑し、ラッシュ時には慢性的な遅延が発生していた。

また、御茶ノ水駅や水道橋駅などからビジネス街（日本橋・大手町・竹橋方面）に路線バスや都電で向かう人も多かったために、周辺地域の渋滞もひどかったという。

１９６９（昭和44）年に東西線が全線開業すると、相互直通運転が開始されて中央・総武緩行線のバイパス的な役割を果たすようになり、中央・総武線の混雑緩和に

国鉄・中野駅から発車する東西線と中央・総武緩行線の電車
／東京メトロ提供

貢献した。

さらに、東西線は日本橋・大手町・竹橋・九段下などのビジネス街エリアに直接乗り入れることができるので、中央・総武線ユーザーだった通勤客が東西線へと鞍(くら)替えすることも多かったという。

例えば、総武線の西船橋駅から秋葉原駅までが27分かかるのに対して、東西線快速で西船橋駅から日本橋駅までだと約21分。つまり、東西線を利用することにより、ちょっとした余裕ができたのだ。

「東西線が便利」という認識は、瞬(また)く間に世間に広まった。駅周辺が田畑ばかりだった浦安・行徳(ぎょうとく)付近は多くのマンションや商業施設が建設され、東京周辺でも有数のベッドタウンになった。

鉄道路線の開業で、これほどまで周辺エリアに大きな影響を与えた例はあまりなく、東西線が「日本一の混雑路線」となったことにも納得がいく。

また1983（昭和58）年4月15日には、浦安市舞浜（まいはま）に「東京ディズニーランド」が開園した。京葉線が開業するまでは、東西線の浦安駅が唯一の最寄駅となり、休日も混雑する路線となる。浦安駅からディズニーランドに続く幹線道路も大変な混雑が続いたという。

東西線は、当初、中央・総武緩行線のバイパス（副本線）的な役割を果たす目的で開業されたが、結果的には中央・総武緩行線を抑えて、現在のようなドル箱路線になった。

なお、西船橋駅〜津田沼駅間の東西線直通列車は、朝夕のラッシュ時間のみに限られている。

A、B、Cと複数の快速が存在したもっともな理由

東西線は、東陽町駅〜西船橋駅間で快速運転をおこなっている。地下鉄のなかで

高速で走行する快速列車(荒川鉄橋付近)／筆者撮影

快速運転を実行したのは東西線が最初で、その目的は、前述した「中央・総武緩行線の混雑緩和」のためである。

東西線の地上区間は高架で建設されているため踏切がなく、列車の運行速度も時速100㎞/hの高速運転がおこなわれている。これは地下鉄のなかでは最速のスピードで、運転開始当初は中央・総武緩行線よりも早く都心へ向かうことができるため非常に好評であった。

また現在でも、東西線ならではのサービスとして運行されている。

1969(昭和44)年の運行開始当初は、中野駅~東陽町駅までは各駅に停車したが、その後は快速運用となり、東陽町駅から西船橋駅まではノンストップで運行されていた。

当時この区間は住宅が少なく、利用者数が見込めないと考えられていたのであろう。現在とは異なり、農漁村地帯だった浦安駅からは「西船橋方面から発車する快速列車の姿をみることができた」と、当時の営団地下鉄関係者から聞くことができた。

当初の快速運用は、営団地下鉄の車両がメインとして使用され、当時の主力であった5000系電車がうなりを響かせながら高架線を爆走していたのをよく覚えている。筆者が物心ついたころにはすでに多くのマンションが立ち並んでいたので、「西船橋方面から列車の姿を確認できた」という話は、思いがけない光景で興味がそそられたものであった。

現在のように快速列車が「浦安駅」に停車するようになったのは、1975（昭和50）年のことである。周辺の人口密度が向上したことによって、平日の一部の時間と休日に限り、停車することになったのだ。

また、1986（昭和61）年からは浦安駅〜西船橋駅のみノンストップで運行する「C快速」の運用も始まり、東陽町駅〜西船橋駅ノンストップ快速を「A快速」、途中で浦安駅にのみ停車する快速を「B快速」、浦安駅〜西船橋駅のみをノンストップ運行とする「C快速」が運行されるようになった。

東西線の快速列車の歴史を紐解くとかなり複雑になってしまうが、現在は「浦安停車」の快速（かつてのB快速）と、通勤時間帯におこなう西船橋駅〜浦安駅までノンストップの中野方面行き「通勤快速」のみで運用されている。

このように快速種別がいくつも存在し、時代とともに変わり続けてきたのは、東西線沿線の人口密度が急激に上昇した影響が大きいだろう。

また、かつては東葉高速鉄道へ乗り入れた「東葉快速」も存在していた。東西線の東陽町駅〜西船橋駅と東葉高速鉄道線内（北習志野駅・八千代緑が丘駅・東葉勝田台駅のみ停車）で快速運転をおこなっていたが、２０１４（平成26）年に運行を終了している。

名車「5001号車」がたどった数奇な運命とは？

東西線が開業した１９６４（昭和39）年12月23日から使用されてきた５０００系車両は、当初から国鉄（現・ＪＲ）との相互直通運転が計画されていた。そのため、車両の共通規格化が図られ、営団地下鉄としては初の20mサイズで、セミステンレス製の大型車体となった。

基本的な構造は、日比谷線車両として製造された３０００系をバージョンアップした仕様だが、当時の通勤車両の標準であった国鉄の１０３系の思想も受け継がれ

デビュー当時の5000系ステンレス車両／東京メトロ提供

ている。それゆえに、前面がうっすらと三面に折れて平面に近い「切妻（きりづま）」というタイプになり、営団地下鉄としては初めて、路線を識別する「帯」が車体に巻かれた。

５０００系の帯カラーは、丸ノ内線車両で使用されたイギリスのタバコの色をお手本とした「赤」に対して、当時の日本のタバコの主流であった「ハイライト」の包装紙と同じ色「ハイライト・ブルー」が採用された。

いままで銀座線、丸ノ内線、日比谷線と新線開業のたびに個性的で奇抜な車両を輩出してきた営団地下鉄だが、東西線にいたっては、ひとまず落ち着いたように思えた。

しかしながら、１９６６（昭和41）年の増備車からは、それまでセミステンレス製のみだった車体に、さらにアルミ合金構造の車体も製作され、１９６９

末期の5000系アルミ車両／東京メトロ提供

（昭和44）年には千代田線開業に伴って、緑帯をまとった車両が登場するなどバリエーションが増えていった。

また、最盛期の車両数も地下鉄用車両としては最大数の４２８両を誇っていた時期もある。登場時にはあまり目立たなかった５０００系だが、その歴史と功績から後継の05系が登場したのちも走り続け、東西線での活躍を終えた後は、東葉高速鉄道や海外の鉄道に譲渡された。

全車両の引退後、東京メトロは５０００系の１号車である「５００１号車」と３０００系の「３００１号車」を地下鉄博物館で静態保存することを検討していたが、長野電鉄にて車両破損が発生し、その代替えとして３００１号車が譲渡されてしまったらしい。

その後、5001号車も施設用地の都合から地下鉄博物館での静態保存がかなわなくなり、残念ながら解体されてしまった。

しかし現在、東京メトロに5000系自体は存在している。2014（平成26）年まで千代田線の北綾瀬（きたあやせ）支線で使用されていた5000系（3両編成）が、現在も綾瀬車両基地で保存されているのだ。

旅客運用には入らないものの、2018（平成30）年に公開された車両基地イベントにおいて、引退したばかりの千代田線6000系と共に展示されていた。

東西線ではなく千代田線で使用されていた「緑帯」の5000系だが、もともとは東西線からの転籍車両であり、この貴重な車両を東京メトロはどのような形で残していくのかが、気になるところである。

なぜ、05系車両はバリエーションが豊富なのか？

東京メトロ東西線の主力車両として活躍している05系車両は、開業時から使用されていた5000系を置き換える形で、1988（昭和63）年に登場している。

製造は、営団地下鉄から東京メトロに移行した後の2004（平成16）年までお

05系初期車両／筆者撮影

こなわれた。約16年にわたって製造された車両であるため、その時代とともに新しい思想が取り入れられ、さまざまなバリエーションが存在している。

88年に登場した05系は、当時の東西線のイメージであるステンレスカー王国5000系時代に、新たなページを加えるものであった。

車体はコルゲート（線状の凹凸）のないスッキリとしたアルミ車体で、スピード感あふれる前面傾斜。そして、フロントガラス部分は曲線ガラスを使用し、灯火類は車体に内蔵させたスマートな顔立ちになっている。

また、ラインカラーは5000系の「ハイライト・ブルー」1本から、「スカイブルー」と「ダークブルー」の2本の間に「ホワイト」のアクセントを加えている。

東西線のイメージアップに貢献した05系は、その後も５０００系の置き換えを続けていくが、５０００系自体も冷房化などの延命工事をしていたため、05系の増備は長期にわたっておこなわれることになった。そのなかでも変化がみられたのは、第14〜18編成で１９９０（平成2）年度から製造された車両である。

当時の営団地下鉄は混雑緩和のために「ワイドドア」を搭載した車両に力を入れていた。ドアを開けたときの幅が１８００㎜と通常の車両よりも５００㎜広く、東西線の混雑対策として乗降時間の短縮を狙った車両であった。

05系のワイドドア車両はこの5編成のみにとどまるが、のちに登場した１５０００系に受け継がれている。

１９９４（平成6）年度に登場した第24編成は、廃車になった東西線車両（５０００系アルミ車体）の一部を再利用して製造された編成で、正面と側面に「Aℓ」（アルミ・リサイクルカーという意味）と描かれたワッペンをつけている。

さらに、１９９９（平成11）年から製造された05系からは、大きく設計を変更した車両が製造されている。とくに前面に違いがみられ、従来のスピード感を重視したスマートな顔立ちから一転し、灯火類が「吊り目配置」になるなど力強い印象を

「Aℓ」のワッペンがついた05系リサイクル編成／筆者撮影

05系（1999年製造からN05系とも呼ばれる）／東京メトロ提供

受ける。

それ以降も05系の製造は続き、2004(平成16)年に最終製造された05系は、副都心線用に製造された10000系車両の影響を強く受けた車両となっている。

また、このころになると、初期に製造された05系の更新工事をおこなう編成もみられ、細部が変更された車両や、東西線としての運用を終了し、海外に譲渡されて活躍する05系も存在している。

鉄道車両のなかでも、地下鉄の車両は風雨にさらされることが少ないために、耐用年数が比較的長いと聞いたことがある。そのため、製造当初から時代を先取ったデザインが取り入れられ、同線で引退した後も各地で活躍する姿をみることができるのだ。

千代田線の6000系が完全に引退したいま、05系車両のバリエーションをみながら楽しむのも一興である。

朝の混雑を避ければお得な商品券やクーポンがもらえる?!

東西線といえば、「混雑」というキーワードが出てくる人は多いだろう。

日本でも有数の混雑ぶりに東京メトロでは、ワイドドア車両の導入、ダイヤや運転本数の改善、駅ホームの増設や増強など、いわゆる「ハード面」での改善はずいぶんおこなってきたように思える。

しかしながら、東西線を日頃から使う利用者側からの協力も必要だといわれている。それが「時差通勤」である。朝ラッシュを避けて通勤することによる、ラッシュ時間帯の混雑緩和を目的としたキャンペーンだ。これには、鉄道各社の他に各企業も多く協力し実施されている。

東京都としても東西線を含む都心へ向かう鉄道路線を中心に「時差Ｂｉｚ」と称して、時差通勤の行動を求めるキャンペーンを展開中だ。

とくに混雑のひどい東西線においては、東京メトロとして独自の取り組みをしている。それが２０１８（平成30）年4月2日に始まった「東西線早起き部～東西線早起きキャンペーン～」だ。

これは東西線の各駅に設置してある専用端末で事前登録をし、指定された時間に乗車して、午前12時までに降車または乗り換えると、獲得メダルポイントが得られるというもの。獲得方法は、ＩＣカードで自動改札にタッチ（入場・出場）するだけである。

獲得したメダル数に応じて指定期間内に応募すると、もれなく全員に商品券がプ

東西線早起きキャンペーンの登録端末機／筆者撮影

レゼントされるという。その他、お得なプレゼントや沿線のショップで利用できる特典クーポン券も毎月２回メールで配信される。

　このキャンペーンは、東西線を利用する人向けの独自のもの（東葉高速鉄道線・東葉勝田台駅～東西線門前仲町駅で入場し、南砂町駅以遠の東京メトロの駅〈一部の駅を除く〉で出場、または乗り換えする人）で、「ソフト面」の混雑緩和を図りたい東京メトロの意気込みを感じることができる。

　毎年度キャンペーンを継続しているのだが、２０１８（平成30）年度で13回目となった。キャンペーンを始めた当初から参加者は増加傾向にあり、18年度は１日約８９００人となっている。

　混雑率にも効果があったのか調査したところ、統計によると最大３％下がっているらしい。

なお、2019年度より東西線早起きキャンペーンは「東西線オフピークプロジェクト」にリニューアルされ、通年実施となった。さらに有楽町線豊洲駅では出場時、銀座線新橋駅では入場時の「オフピークプロジェクト」を9月までの予定で実施している。

国鉄の聖地・東京駅を、東西線車両が通過していたって?!

東西線の初開業区間（九段下駅〜高田馬場駅）時に用意された車両は、5000系3両編成、合計6本（18両）であり、すでに述べたように工事中に地下区間に直接納車されたが、延伸するたびに編成も増結されていった。

当時の東西線の車両基地といえば、地下区間搬入時に使用されていた（車両を一時的に止めておく）電留線を利用した「飯田橋検車区」と、中野開業時に使用開始した国鉄の三鷹電車区の一部を間借りしていた「飯田橋検車区三鷹出張所」が挙げられる。

どちらも車両の増結や修繕ができるようなスペースはなく、増結用に新造された車両の受け入れや定期検査は、日比谷線の千住検車区でおこなっていたようである。

東西線の車両を日比谷線の千住検車区に送り込むためには、国鉄（現・JR）と東武鉄道の協力が不可欠であった。

まず、三鷹駅から中央線に転線し、新宿駅から山手線（内回り）経由で常磐線に入る。さらに、北千住駅から東武伊勢崎線に入り、日比谷線の千住検車区に入線していた。当時の東西線の5000系は3両編成。貨物扱いではなく「回送列車」扱いで、当時の国鉄線を自力で回送し、山手線のダイヤを縫って白昼の東京駅を通過していったという。

当時の東京駅と国鉄本社は目と鼻の先。たまたま窓の外をみていた当時の国鉄総裁が、地下鉄である5000系が自力走行で、しかも東京駅を「通過」していく姿をみて、「なんだ！　あの銀色の電車は！」と立腹されたというエピソードを聞いたことがある。

当時の国鉄は、営団地下鉄の出資をおこなっていたことから、国鉄の中心である東京駅を「素通り」していく地下鉄車両が目についたのであろうか。

この前代未聞の回送列車は、先に述べたように千住車両基地にて増結させる目的でおこなわれたもので、行きは3両編成、帰りは7両編成で東西線に戻すという、これもまた珍しい運用になった。

地下鉄の車両が、白昼堂々と東京駅を通過していったことは、後にも先にもこの

５０００系だけである。もしも現在おこなわれたとしたら、鉄道ファンのみならず、ある意味「特ダネ」になりそうな話であろう。

１９６０（昭和35）年代は新路線の建設ラッシュで、車両搬入と車両基地の整備開設によるタイミングが合わず、完成した車両の置き場に苦労したという話を聞く。

東西線の車両に関しても同様で、国鉄と線路がつながっていたことから、国鉄に依頼し完成した車両を留置させてもらっていたという話を聞いた。三鷹電車区以外にも、５０００系の姿をみることができたので間違いないだろう。

当時の国鉄のＰＲ写真をみると、豊田（とよだ）電車区内に線区ごとに勢ぞろいした通勤車両の片隅に、５０００系らしき車両の姿が確認できる。

また、東西線以降に開業した千代田線も同様に、開業前に納品された車両を、国鉄の松戸車両基地に留置させていたという。

メトロ運転士の朝から晩まで

鉄道員の勤務時間はどうなっているのか？　例えば、始発電車の乗務員は何時に出勤してくるのだろう？　また、始発前に営業を始める駅係員は何時に出勤してくるのか？

答えを先に述べれば、鉄道員の仕事は基本的に24時間体制で、駅や乗務員の詰め所には宿泊施設がある。

つまり、始発電車の乗務員も、始発前の駅係員も詰め所や駅に宿泊しているわけだ。もちろん、シフトによっては会社に泊まらずに通勤できる時間帯の勤務も存在するが、大方の鉄道員は宿泊するパターンが多い。以下、実際の勤務体系をご紹介しよう。

メトロ豆知識①

標準的な勤務パターンは、宿泊↓明け番↓日勤↓宿泊↓明け番↓休日↓休日（宿泊：深夜まで乗務し職場に宿泊する勤務。明け番：宿泊勤務からの継続で早朝から乗務し昼ごろに退勤する勤務。日勤：日中に出勤し夕方から夜にかけて退勤する勤務）の1週間サイクルだ。

週によっては日勤勤務のないときもあり休日が何曜日になるかは不定のため、当然ながら盆暮れもない。鉄道は1年365日、休むことなく運行されているので、そこで働く鉄道員も曜日や季節など関係なく365日体制である。

ところで各乗務職場での出勤時間は、勤務がダイヤによるシフト制になっており、各乗務員の出勤時間は1分単位で決められている。例えば、ある日のA運転士は15時53分出勤であり、B運転士は15時59分、C運転士は16時17分という具合である。この時間に1分でも遅れれば遅刻である。

日本の鉄道は正確な分（秒）刻みで運行されているが、こうした厳正な人事の管理も多分に影響しているはずだ。それでは実際に、東西線に乗務しているA運転士の勤務を一例に追ってみよう。

東西線・東陽町運転事務室の宿泊勤務のために16時31分の出勤時間前に同事務室に出勤し、制服に着替えた後、本日の伝達事項や注意事項を乗務手帳に記入して、点呼執行者との対面点呼を受ける。まさにその時刻が16時31分で、A運転士の出勤時刻となる。

点呼後は30分間の学習やトレーニングなどのために時間が設けてあり、その後、携行品などの準備をして鏡の前で身支度がキチンとできているか確認、発車5分前に乗車点呼を受け、ホームに出場する。

ホームでは17時21分発の中野行きが到着するので、乗務してきた乗務員から運転状況や車両状況を口頭で引き継ぐ。運転台に就いたら、今日の乗務列車の時刻表（行路表）や鉄道時計を所定位置に差し込み、関係機器やゲージ類を確認、静かに車掌からの出発合図を待つ。

ブザーによる出発合図を受けたら「合図ヨシ、進行」とブレーキを緩解させ、ノッチ操作で加速させてゆく。終点の中野まで、このような運転操作と信号や標識の喚呼が続く。常に緊張感を伴う職場環境である。

しかしいくら慎重に注意していても、避けきれないものに人身事故などがある。そのような非常時でも、運転士は緊張の糸を切ることなく業務をこなさなければならず、職責の重さが感じられる。

19時31分に東陽町に到着し、職場に戻り降車点呼を受けると、休憩時間を兼ねた夕食時間となる。だが、この時間も長くはなく、20時16分の列車で再度中野に向けて2度目の乗務が始まる。

再び東陽町に戻るのは22時33分。このダイヤは西船橋駅での宿泊となるため、休憩時間を利用して宿泊用具など身支度をし、23時10分の列車で中野駅に向かい、折り返して西船橋駅に24時37分に到着。車両を留置して車内に忘れ物や異常がないかを点検した後、車両の電源を落として宿泊所に向かい、電話点呼を受け25時12分に仮眠となる。

翌朝は6時32分に起床、電話にて点呼を受け7時02分の列車に乗務して中野駅まで運転、折り返して東陽町駅で降車。8時49分に降車点呼を受けて朝食を摂るが、お腹の弱い運転士は退勤後に摂る。

9時22分の列車を担当し、再度東陽町駅に戻るのが10時47分。職場に戻り降車点呼を受けて業務が終わる。昨日の出勤から18時間21分が経過していた。

このように、常人の私たちからすれば考えられないようなハードな勤務を粛々とこなし、なおかつ秒単位の運転を実現しているのだ。

5 千代田線

JRとの絆から工事中の珍事まで
エバーグリーンな逸話が満載！

代々木上原 C01
代々木公園 C02
明治神宮前 C03 F
表参道 C04 Z G
乃木坂 C05
赤坂 C06
国会議事堂前 C07 N M G
霞ケ関 C08 H M
日比谷 C09 Y H
二重橋前 C10
大手町 C11 Z T M
新御茶ノ水 C12 M
湯島 C13
根津 C14
千駄木 C15
西日暮里 C16
町屋 C17
北千住 C18 H
綾瀬 C19
北綾瀬 C20

技術と意匠はピカイチ！ ６０００系と後継の１６０００系

千代田線は、１９６９（昭和44）年12月20日に北千住駅～大手町駅が開業し、現在の代々木上原駅～綾瀬駅まで全線開業したのが、１９７８（昭和53）年の3月31日であった。

現在、綾瀬駅からはＪＲ（旧・国鉄）常磐線の取手駅まで、代々木上原駅からは小田急線の伊勢原・唐木田駅へと相互直通運転をおこなっている。最初の開業時には千代田線用の６０００系は製造されていたが、まだ試験を重ねていたため、東西線でも使用されていた５０００系車両が使われていた。

１９７１（昭和46）年の大手町駅～霞ケ関駅の開業時からは、千代田線の新しい車両として６０００系の営業が開始されている。最初の開業時に６０００系が間に合わなかったのは、車両に装備された「サイリスタチョッパ制御装置」という当時としては非常に画期的な装置の開発に時間を費やしてしまったからだ。

この装置は回生ブレーキ（減速中はモーターを発電機として使用し、架線に電力を戻すブレーキシステム）やスムーズな加減速（スイッチングによる電圧を制御する方式）など、いずれも省エネに特化した装置のことで、現在の鉄道車両の多くがこの仕組みを応用している。６０００系は使用電力を抑制できる画期的な省エネ電車だったのだ。

車両のデザインも正面の貫通扉をオフセットし、運転台側に大きな窓を配置した、いままでにはない斬新なスタイルとして注目を浴びた。

これらを評価され、６０００系は１９７２（昭和47）年度の「ローレル賞」（第12回）を受賞している。ローレル賞とは鉄道友の会から、技術面で優秀な車両に与えられる賞である。営団地下鉄（現・東京メトロ）として初めての受賞車両となり、以降、47年もの長きにわたり活躍を続け、２０１８（平成30）年11月に惜しまれつつ引退した。

引退後も「千代田線といえば６０００系」と答える人が多く、東京メトロ上層部のなかでもいまだに６０００系の功績を讃える人は多いそうだ。そんなすばらしい栄光を継ぐ車両として登場したのが、現在主力車両として活躍している１６０００系である。

ローレル賞受賞マークつきの6000系／東京メトロ提供

１６０００系は、東京メトロの標準車両１０

ローレル賞受賞マークつきの
16000系／筆者撮影

０００系（副都心・有楽町線）を千代田線用にと改良された車両だが、初めて「ＰＭＳＭ（永久磁石同期電動機）」という駆動システムが採用されており、従来の電車よりもさらに省エネ効果があるとして高く評価されている。

その他にも１６０００系にはさまざまな最新技術が使われており、第51回・２０１１（平成23）年のローレル賞も受賞している。千代田線車両としては2回目の受賞で、６０００系と１６０００系はひとつの路線の主力車としてダブル受賞をしたことになる。このことは、筆者が知る限りでは類をみない出来事だ。

なお、引退した６０００系の多くはインドネシアなどで活躍しており、現地ではまだ元気な姿をみることができる。

多様な実験に貢献した6000系試作車が、ついに日の目を見た

千代田線用の６０００系の誕生は、最初の開業（北千住駅～大手町駅間）の前年

正面の貫通扉を開けた6000系第一試作車両／東京メトロ提供

である。6000系第一試作車（6001〜6003編成）と呼ばれるのちの6000-1〜3編成は、1968（昭和43）年4月に完成していた。

6000系に装備された世界初のサイリスタチョッパ制御は、電力消費を抑え、省エネ効果を発揮する制御装置を搭載している。この制御装置は、メーカー別に性能試験をおこない、東西線で試運転走行をしながらあらゆる状況下での実験がなされた。

しかし、この制御装置以外にもさまざまな実験がおこなわれていたことは、実はあまり知られていない。まずは、台車や床下機器を覆う巨大なスカートがある。「スカート」とは本来、雪や細かい障害物を取り除くために車両前部のみに装着されている「排障装置」のようなものだが、第一試作車が装着していたスカートは騒音対策も兼ねている。

そのため、車体全体を覆う形となったわけだ。この巨大なスカートによって車両から発生される騒音をある程度軽減させることができたようだが、床下機器の点検や整備をおこなうときにネックとなってしまい、早々に取り外されてしまった。

また、3両編成のうち6001号車のみだが、通勤用車両としては初めて、リクライニング機能を備えていたという。座席をゆっくりと引き出して座れるため、リラックスすることができたようだ。しかしながら、「導入コストが高い」「時期尚早」と関係者から声が上がり、量産車への採用にはいたらなかったという。個人的には残念である。

6000系の試作車は第一試作車での試験後、さらに第二試作車（6011号車〜6016号車）やのちの6001編成も1969（昭和44）年8月に製作され、第一試作車でおこなった各種試験を量産車の製作へ橋渡しする大事な役目を担った。

第二試作車は、量産車が登場するタイミングで営業用車両と同じ仕様になるように、中間車の新製・改造・編成組み替えがおこなわれた。しかし、第一試作車は床下機器などが他の6000系（量産タイプの車両）と異なっていたため、その後「6

東西線で試運転中の6000系第二試作車両／東京メトロ提供

奥まで見渡せる6000系第二試作車の車内／東京メトロ提供

000-1・2・3」と改番される。そして有楽町線用の7000系開発をはじめ、新たな制御装置の開発実験やその他の試験などにも貢献したが、営業用としては使われなかった。

第一試作車に転機が訪れたのは、1979（昭和54）年の北綾瀬駅〜綾瀬駅間（北綾瀬支線）の開業だ。第一試作車は同区間の営業用列車として抜擢された。晴れて営業仕様に改造され、登場から10年以上経って、やっと旅客を乗せて運行することになったわけだ。

東京メトロに移管したのちも北綾瀬支線で活躍を続けたが、現在は東西線から転籍してきた05系にその座を譲り引退している。

6000系は、営業用列車としての運行は終えたが、現在も新木場にある東京メトロの研修施設にて、研修用車両として在籍している。

町屋駅〜根津駅のトンネルが「2段構造」になったのは？

1969（昭和44）年に開業した北千住駅〜大手町駅のうち、町屋駅〜根津駅のA線・B線（通常の鉄道でいう上りと下り）のトンネル構造が上下2段になっている。正式には「柱列式地下連続壁工法」と呼ばれている工法だ。

通常、地下鉄のトンネルはA線・B線となる複線構造の場合は、トンネル同士を横に並べて建設するのが一般的である。

では、なぜトンネルが「2段構造」になったかというと、同区間は俗にいう「下町界隈（かいわい）」にあたり、道幅が狭く交通量も多かったからだ。

道幅が狭いということは、トンネルを横に並べてしまうと道路スペースからはみ出してしまう。地権の問題があったり、建物の下を工事していかなくてはならないため、困難が大きすぎる。

そこで、トンネルを横に並べるのではなく上下2段構造にすれば、狭い道路幅でも有効活用ができるというわけだ。同区間は隅田川付近を通過するため、地盤も緩（ゆる）い。そこでモルタルの杭を使って、現場で連続的に施工し壁にする柱列式地下連続壁工法を採用したのである。

2段構造の千駄木駅・代々木上原方面のホームから綾瀬方面のホームは階段によってつながれている／筆者撮影

北千住駅を出た代々木上原方面の電車に乗っていると、反対車線の線路が、壁に仕切られてみえなくなっていく後に勾配(こうばい)に差しかかるのがよくわかる。北千住〜町屋間は駅間が長いので、この区間で上下に分かれていくのだろう。駅構造も町屋駅、西日暮里(にしにっぽり)駅、千駄木(せんだぎ)駅、根津駅と代々木上原方面が上段、綾瀬方面が下段の構造になっている。

これは筆者の体験だが、西日暮里駅で下段ホームの綾瀬行きの電車を待っているとき、電車が進入する音が聞こえたので期待していると、実は反対方向の代々木上原行きの電車が上の階の上段ホームに到着した音だったということもあった。

トンネルを2段にすると、その分電車は深い場所を走ることになるので、「千代田線は勾配が多い」といわれるのもうなずける話である。

話がそれてしまうが、湯島駅〜新御茶ノ水駅間は高架区間を中央線、その下を丸ノ内線、その下を神田川が流れていて、さらにその下を千代田線が入るという、上下4段交差になっている。

この区間は神田川の川底ということもあり、地上からの掘削(くっさく)工事は困難なため、当時では珍しくシールド掘削マシーンで建設された。新御茶ノ水駅構内はいちばん深い場所で地上からの深さは34mもあり、単線シールドトンネルを2本掘り、その間をつなぎ合わせてホームを設置した珍しい構造になっている。その特異な形状から「メガネ型シールド駅」とも呼ばれる。

同様に、地上施設の都合によって深い場所に駅がつくられたのが、千代田線の国会議事堂前駅だ。地上からレール面までの深さが42・3mと、東京メトロのなかでは最も深い場所にあり、構造はもちろん、シールド掘削マシーンで建設されている。

よほどでない限り直通運転はやめない！常磐線との固い絆

千代田線は1971（昭和46）年4月20日の北千住駅〜綾瀬駅間の開業時から、国鉄（現・JR）常磐線との相互直通運転を開始している。

もともと千代田線が常磐線に直通するようになったのは、国（国鉄）で定めた「通勤五方面作戦」からきている。

通勤五方面作戦とは、戦後の高度経済成長期に、首都圏の鉄道の通勤時間帯におけるラッシュが深刻な問題となり、都心部へ向かう国鉄路線（東海道本線・中央本線・東北本線・常磐線・総武本線）の輸送改善を目的とした取り組みのことである。

この計画のなかで、常磐線は緩行線と急行線を分離し、「綾瀬駅〜我孫子駅間」（のちに取手駅まで）を複々線とすることが進められた。

常磐線との相互直通運転発車式／東京メトロ提供

その際、緩行線で都心部へ向かう方法は綾瀬駅から営団地下鉄千代田線と相互直通運転をおこなうことにより、大手町・霞ケ関方面への輸送が可能になるという案からきたものである。

千代田線が計画された1962（昭和37）年の都市交通審議会答申第6号においても、「喜多見（きたみ）方面より原宿、永田町、日比谷、池ノ端（いけのはた）、および日暮里の各方面を経て松戸方面に向かう路線」と記されていたので、その経緯がうかがえる。

常磐線にとっての千代田線は、都心部への重要なアクセス路線であり、互いに自社路線の延長線上であることは間違いない。

常磐緩行線からの列車は、ほぼすべてが千代田線への直通運転をおこなっており、

大雪でダイヤが乱れても常磐線へ直通する千代田線6000系／筆者撮影

千代田線からも常磐線への運行本数は非常に多い。

ラインカラーも千代田線のグリーンに対して、常磐緩行線はエメラルドグリーンとなっており、同じようなカラーリングからＪＲの車両も含めて「千代田線車両」として連想してしまうほどだ。

また、千代田線と常磐線が相互直通運転を始めてから、常磐線沿線でも宅地開発が進み、マンションのチラシなどには「千代田線・金町駅より徒歩10分」（本来、金町駅は常磐線の駅）などといったように、世間的なイメージも「綾瀬〜我孫子間は千代田線区間」といった誤ったイメージをもたれることも多かった。

北千住駅〜綾瀬駅間は東京メトロとＪＲ

の俗にいう「二重営業区間（次項参照）」という経緯もあり、よほどのトラブルでもない限りは直通運転を中止することはなかった。

綾瀬駅からの初電設定も、最も早いもので4時38分北千住行きというのがある。基本的に都心の地下鉄の初電は5時以降となるが、綾瀬駅を発車するこの「北千住行き」は、常磐線の金町駅・亀有(かめあり)駅の利用者を常磐線（快速）と乗り継ぎが可能な北千住駅へ接続することを目的とした処置だ。

結果、東京メトロのなかでも最も早い初電という扱いとなり、千代田線と常磐線の一体化の様子が、このような部分でも垣間みえる。

綾瀬駅～北千住駅間が、管理は営団になったわけ

千代田線の綾瀬駅～北千住駅間はもともと国鉄（現・JR）常磐線の営業区間であった。本来ならば、綾瀬駅は接続駅として常磐線快速停車用のホームを設置して相互に乗り換えができるようにしなければならないところ、用地の確保が難しく、千代田線と常磐線と線路を分けて建設することもできなかった。

ならば、北千住駅を営団と国鉄の境界駅とし、北千住～綾瀬間は国鉄線として千代田線が乗り入れる形が望ましかったが、足立区内に車両基地を建設したかった営

団としては、同区間を自社路線として建設したかったようだ。

同区間の千代田線建設にあたってはまず、営団が常磐線の区間に沿うように高架橋の建設を開始し、その完成した部分を国鉄が借り受け、常磐線高架化工事の「仮線」として使用していた。

常磐線の高架化工事を完了し、営団に戻したのは千代田線として開業した日であった。晴れて相互乗り入れを開始した千代田線と常磐線だが、千代田線から直通する列車は常磐緩行線になり、上野からくる列車は常磐快速線として、綾瀬駅を通過する線路を緩行線と急行線に分断した複々線として運行を開始した。

荒川橋梁付近の軌道敷設工事
／東京メトロ提供

そのため、快速が止まらない常磐線の金町駅と亀有駅の利用者にとっては、「迷惑乗り入れ」といわれてしまう事案が発生してしまった。

千代田線開業以前は、金町駅・亀有駅から直接上野方面に国鉄線のみで行けるようになっていたが、千代田線開業以降は途中の綾瀬から先は営団線と

乗り換え改札のない北千住駅構内の常磐線との連絡通路／筆者撮影

なるため、初乗り運賃が国鉄と営団の分もかかるようになり割高になってしまったのだ。

この救済措置として、国鉄としても綾瀬駅～北千住駅間は営業区間として考えることになり、亀有駅・金町駅の利用者は北千住駅で常磐快速線に乗り換えることで上野方面に行けるような対策がなされた。

これにより、綾瀬駅～北千住駅間は管理が営団となるが、列車の営業としては国鉄という「重複路線」となったわけだ。運賃は低い金額のほうに合わせた形で、同区間のみJRの140円が適用されている（2019年3月現在）。

その他、国鉄（常磐線）から営団（千代田線）に入り、西日暮里駅で再び国鉄（山手線）に乗り換える「国鉄→営団→国鉄」の場合も、特殊な運賃計算が適用されている。千代田線と常磐線の関係は、日本全国でも非常に珍しい路線形態をしているといえるだろう。

例えば、先に相互乗り入れを開始している東西線と中央線の中野駅・西船橋駅は、共に中央・総武緩行線と乗り換えができるが、初乗り運賃が二重にかかることもなければ、わざわざ乗り換えて都心に向かう必要はないのだ。

個人的な見解だが、千代田線も常磐快速線との乗換駅が綾瀬駅に設定できないならば、国鉄との境界駅は綾瀬駅ではなく、さらに先の松戸駅に設定すべきだったのかもしれない……。

有楽町線や南北線も通る「連絡トンネル」があるって?!

綾瀬駅で千代田線を待っていると、有楽町線用の7000系が回送列車で入線してくることがある。筆者は驚かないが、理由を知らない一般の方は仰天するようだ。「あれ?! なんで有楽町線の車両が千代田線を走っているの?」という声も聞こえたことがある。東京の地下鉄はそれぞれ独立した路線なので、他の地下鉄路線の車両が走ってくる光景は想像できないからであろう。

実は、千代田線と有楽町線はお互いにひとつのトンネル（連絡線）でつながっている。つながっている区間は、千代田線の霞ケ関駅を出た代々木上原方面～有楽町線の新木場方面・桜田門駅手前付近となっている。

地上は国会議事堂の目の前であり、電車はその下を大きくUターンするように互いの路線を行き来する。なぜ、このような連絡線を建設したのだろうか？

それは、千代田線の北綾瀬駅に建設された綾瀬車両基地・綾瀬工場が関係している。同施設は開設以来、営団最大の車両基地・工場であり、有楽町線も開業時から同施設を利用している。

東西線までは車両の管理と保守に他社線を使うなど大変な苦労をしていたが、連絡線を建設することで、他の営団路線との乗り入れが容易になり、施設の建設が集約できるなど大きな効果がもたらされた。

ちなみに南北線も、有楽町線との連絡線を市ケ谷駅付近に設けており（もとは有楽町線・飯田橋検車区である線路に南北線の線路をつなげた）、南北線の車両も有楽町線を通じて千代田線の綾瀬工場へ車両移動が可能である。

これらの路線の新型車両の搬入は、ＪＲ線とつながっている千代田線（綾瀬車両基地）に搬入され、各種試験を終えたのち、連絡線を通じて各路線に配備される。

開業以降、有楽町線・南北線共に車両基地はそれぞれに建設されたものの、大規模な車両の修繕や検査などは現在でも綾瀬工場でおこなわれる。

南北線・有楽町線・千代田線を走破した「メトロトリプルリレー号」／東京メトロ提供

普段は連絡線を走る列車は回送列車のみだが、かつては小田急ロマンスカーＭＳＥ６００００形を使用した「ベイリゾート」が、小田急線・本厚木発千代田線経由の有楽町線・新木場行きとして土休日のみ運行されていた。

また、２０１０（平成22）年におこなわれた東京メトロのイベント列車として、南北線発有楽町線経由千代田線・綾瀬車両基地行きという特別臨時列車「メトロトリプルリレー号」が運行されたこともあった。

このような列車が運行されたのは、いずれも営団地下鉄から東京メトロに移行した後の話であり、利便性の向上や鉄道ファンへのサービスの気持ちから実現したのであろう。

千代田線の初代車両5000系は東西線で活躍していた!

初代千代田線車両というと6000系を挙げる人が多いが、その話を聞くと、筆者は世代間ギャップを感じてしまう。6000系は「初代」ではないからだ。5章の冒頭で述べたとおり、6000系は2代目の千代田線車両である。開業時に使用された「初代」千代田線車両といえるのは、東西線でも使用されていた5000系車両なのだ。このことは、若い世代には意外と知られていない。

千代田線が初めて開業した1969(昭和44)年の12月、北千住駅~大手町駅間に用意されたのは、東西線用と同じ5000系車両だった。

これは当時、試作編成のみの登場だった6000系に対して、サイリスタチョッパ制御装置などの技術開発がまだ発展途上の状態であったため、確立させるための試験を続行し、営業車両(量産車)としての製造を見送ったためであった。

このことから、千代田線用として用意されたのは5000系車両3両編成10本で、外観は東西線用のハイライトブルーの帯に代わってグリーンの帯が巻かれていた。

他にも千代田線の走行環境に合わせた保安装置(ATC=自動列車制御装置・車内信号装置付き)の搭載などもされていた。

5両編成化した初代千代田線5000系／東京メトロ提供

その後、１９７０（昭和45）年に輸送力増強などに合わせて5両編成にされ、霞ケ関まで延伸して開業された際には待望の６０００系も営業を開始した。このとき、５０００系も６０００系に合わせ、5両編成だったものをふたつつなげて10両編成として運行を開始している。

千代田線用の５０００系は、１９８１（昭和56）年に実施した東西線の輸送力増強と６０００系増備計画に合わせて東西線へ転属となったが、一部の車両は千代田線の北綾瀬駅〜綾瀬駅間で使用する支線運用として残留する。

東西線で活躍した５０００系は、２００７（平成19）年まで走り続け、全車が引退。その後、引退した５０００系の一部が北綾瀬支線で運用されていたが、２０１４（平成26）年に後継の05系が登場し勇退した。最後まで使用されていた同編成は、綾瀬車両基地で保管されているが、具体的な処遇は決まっていない。

JRとの乗り入れの歴史の中で起きた〝珍事〟とは？

千代田線は綾瀬駅から常磐線に、代々木上原駅からは小田急線と相互直通運転をおこなっているが、当然、それらの会社からの車両も千代田線に乗り入れてくる。

１９７１（昭和46）年からは、国鉄常磐線より１０３系１０００番台が乗り入れてきた。この車両は当時の国鉄の標準型通勤車両を千代田線の走行環境に合わせ、不燃化対策の強化、非常用の貫通扉の新設、保安設備の増備、編成出力の増強をおこなった。

なかでも編成出力を増強させるために10編成中、両端の先頭車以外はすべてモーター車という強力編成にしたことで、床下の抵抗器が過熱し、トンネル内を熱くさせてしまうということがあった。

せっかく営団が省エネタイプの６０００系を走らせて電力消費を抑えているのにもかかわらず、その分、電力を消費してしまう国鉄の車両は営団にとっても不満の

元千代田線直通車両の103系1000番台／筆者撮影

種であっただろう。ただし、消費電力はのちに精算するという話を聞いたこともあるが……。

営団は国鉄に対し、省エネタイプの車両の導入を依頼し、ようやく1982（昭和57）年に省エネタイプのチョッパ制御車203系が導入された。

203系は103系を置き換える形で充当され、103系は常磐快速線（国鉄の地上線）へと転属されていった。その過渡期、編成中に常磐快速色で塗られた車両と千代田線直通色で塗られた車両が現れた。

そういった混色編成になってしまった車両は基本的に常磐快速線のみの運用で、千代田線に乗り入れてくることはなかったが、１９８５（昭和60）年2月15日に、先頭車両のみが常磐快速線色になった車両が千代田線に乗り入れてきたときがあった。

　これには、さすがに営団も国鉄側にクレームを入れたという。その後、常磐快速線に転属した１０３系は引退となり、首都圏ではその姿をみられなくなった。

　１９７８（昭和53）年からは代々木上原駅から小田急の車両が乗り入れてきた。小田急が用意したのは９０００形車両。従来からの鋼鉄製車体だが、正面のスタイルが独特で窪んだ窓に前照灯・尾灯が同じ大きさで横に並ぶ。そのスタイルから「ガイコツ」の愛称がついていた。

　乗り入れ開始当初、小田急との相互乗り入れは朝夕のラッシュのみで、千代田線に乗り入れてくる小田急の車両をみる機会は、１日を通してもあまりなかった。だからこそ、当時は千代田線内で小田急車両に出会えると運がいいと思えたものだ。

衝撃！不忍池の水を抜いてしまったトンネル工事

　トンネルを掘り進めると思いもよらない事態が発生することがある。千代田線の明治神宮前駅の建設工事において、ナウマン象の化石が発見された話は有名な話である。実は、千代田線建設においてはもうひとつ、有名な話が存在している。それは「トンネル工事で不忍池（しのばずのいけ）の底に穴をあけてしまい、池の水が流出してしまった」というものだ。

当時の状況を知ろうと参考資料がないか探し回ったが、営団地下鉄発行の「千代田線建設史」などにも掲載がなく、事故が起きたとされる1967（昭和42）年の記事を探してみた。すると、67年9月19日の朝日新聞（夕刊）に当時の様子が書いてある記事を探し当てることができた。

事故の詳細はこうである。同年9月19日の早朝、上野不忍池の水が突然なくなっているのが通行人によって発見され、警察へ通報された。通報を受けた上野署の署員が調べてみると、不忍池の脇で建設中だった地下鉄工事のために池と工事現場を仕切る土手が崩落（ほうらく）し、池の水が流れ出してしまったとのこと。

工事関係者によると、通常、このような場所はシートパイルと呼ばれる鉄製の板が打ち込まれ、土手の崩落を防いでいるという。しかし、崩落した部分は端だったため、シートパイルが使用できず、代わりに約1・5m間隔で鉄杭（てっくい）が打たれていたようだ。

この事故で不忍池のボート池では3万トン（4万トンとも）もの水が建設現場になだれ込み、1万匹が生息していたといわれる池の生き物（コイ、フナ、なかには

工事開始前の上野恩賜公園不忍池／東京メトロ提供

ウナギも?!）も建設現場に飛び込んだ。

一部、逃げ遅れた魚たちは干上がってしまった池の泥に紛(まぎ)れてピチャピチャと跳ねていたそうだ。早朝に事故の連絡を受けた地下鉄関係者と工事関係者は現場に急行し、魚の救助をおこなった。

公園管理所を含めた総出で泥まみれになりながら魚を手づかみで救い出し、隣接する他の池へと運んだという。また、建設現場になだれ込んでしまった魚も網ですくうなどして救助した。

雨が上がり日が昇ってくると、この大騒動を見物に池の周りに人だかりができて、子供たちが口々に「お魚さんかわいそう！」「早く助けてあげて！」などと声をかけていたという。しかし、なかには池に入って魚をつかみ、そのまま持ち帰った者もいたらしく、警察もパトカーを出動させ警戒任務をおこなった。

復旧に関しては崩壊した土手の部分を補強し、水を抜いてから掘り直すことにしたという。幸いなことに、この事故での死傷者はゼロ。事故当時は雨で工事が中止しており、さらに夜間から早朝の出来事だったためにボート乗り場は営業しておらず、人がいなかったことが幸いした。

工事を請け負っていた責任者は新聞の取材に対して、こう答えている。

「たいへんご迷惑をおかけしました。危ないと思うところは十分に手を打ったのですが、まさかと思ったところで土砂が崩れたわけです。私たちの判断が甘かったことは認めます」

一方、警察（上野署）でも新聞の取材に対してコメントを残している。

「困っているんですよ。魚を殺した場合は器物損壊罪が当てはまるが、このケースは過失だからな。水があふれ出したといっても、道路にあふれたわけではないし。住民にも迷惑がかかっていない。大騒ぎになったから、関係者から話は聞いていますがね」

地下鉄工事でこれほどの珍事が起きた例は、他にないであろう。

20年に1度の「特別全般検査」とは？

メトロ豆知識②

鉄道車両は幾重もの点検整備をおこなうことで、安全の担保を得ている。

鉄道車両は、その日の最初におこなわれる「始業前点検」に始まり、ほぼ1週間ごと（10日を超えない範囲）で実施される「列車検査」、おおよそひと月ごと（3か月を超えない範囲）で実施される「月検査」、制動装置や駆動装置などを分解し点検整備する「重要部検査」、車両に取りつけられたほとんどの装置を取り外し、徹底的な整備（オーバーホール）をおこなう「全般検査」などがある。これもひとえに安全のためである。

ところで、車両側がどれだけ安全でも、軌道側の安全が疎かになってしまっては元も子もない。

とくに東京メトロは地下鉄事業者なので、全線の約85％（166・8㎞）がトンネルになっている。このトンネルの保守も、安全のために欠かせない。

トンネルなどのコンクリート構築物の場合、目視点検はもとより、点検ハンマーによる打音で変状を抽出するという、まさに匠の技が要求される点検が主となる。それは同時に、機械ではなく人間の五感に頼るものであることを意味する。

もちろん、いまのご時世では検査機器でもある程度の変状部分を抽出することも可能ではあるが、鉄道でよく使われるフレーズ「最後は人の手」の原理で、最

トンネル内での特別全般検査／東京メトロ提供

終的には匠の判断でおこなわれているはずだ。

構造物の点検検査も非常に多彩である。新設や改築後の状態を把握することを目的とした「初回検査」。異常時やその他必要なときに実施される「随時検査」、構造物の供用開始後に起こり得る変状の抽出を目的とした「全般検査」、詳細な検査が必要なときにおこなわれる「個別検査」がある。

そして、これらの維持管理については「全般検査」のなかでも、2年に1度、定期的に実施される「通常全般検査」が主体となっている。

主に、軌道内歩行による目視点検や、手の届く範囲での打音点検を中心とした点検で、変状の抽出と健全度判定がなされ、保全工事等が実施される。

またこれらの検査の集大成として、20年に1度の「特別全般検査」というものもある。これは、高所作業車などを利用して、豊富な経験をもった熟練の匠たちが、トンネル上部まで徹底的な目視と打音点検を実施、変状の抽出をおこなうというものだ。

前述したように、東京メトロ全線の85%以上は、当たり前だがトンネルである。そのトンネル全体を人の手で点検するのには、相当な延べ人員と大変な時間が必要なはずである。

しかし、先ほどから「匠」と呼んでいる技術者は、そう多くはない。２０１３（平成25）年に銀座線で施工された特別全般検査は、10名程度のチームひとつが徹底的に検査しておこなったのだそうだ。なんだか大変そうだが、実に正しい検査方法でもある。

検査の平準化を考えれば、同じ人間の目で判断するのがいいに決まっているからだ。このときの検査は、1年以内で完了できたそうだ。

仮に、月～金曜日の終電後だけに検査を実施したと仮定する。銀座線全線14・３㎞を２６０日で割ると、1日当たり55ｍしか進めなかったことになる。

しかし、徹底的に異変をキャッチするため、さらには安全の確保をするために費やした時間と考えると、この数値は非常に偉大なものだと理解できるはずだ。

❻ 有楽町線

国防の中枢を通るゴールドラインは新規開業を目指すか

和光市 Y01
地下鉄成増 Y02
地下鉄赤塚 Y03
平和台 Y04
氷川台 Y05
小竹向原 Y06
千川 Y07
要町 Y08
池袋 Y09 M
東池袋 Y10
護国寺 Y11
江戸川橋 Y12
飯田橋 Y13 N T
市ケ谷 Y14 N
麴町 Y15
永田町 Y16 N Z M G
桜田門 Y17
有楽町 Y18 C H
銀座一丁目 Y19
新富町 Y20 H
月島 Y21
豊洲 Y22
辰巳 Y23
新木場 Y24

新木場駅の先にある「訓練センター」がすごい！

24時間眠らない街、首都東京を支える東京メトロは、朝早くから夜遅くまで地下鉄の運行をおこなっている。安全な運行を実現するため、職員に対する研修や訓練も日常的に実施されており、抜かりはない。

2016（平成28）年4月1日に開設した「東京メトロ総合研修訓練センター」は、有楽町線・新木場（しんきば）駅の先にある新木場車両基地に隣接する形で建設された。敷地面積約2万7000㎡、延床面積約1万9000㎡、訓練線総延長700m、総工費約200億円（研修棟82億円、訓練線81億円、その他40億円）。5階建ての研修施設の内部には、実際に使用している改札機、案内板、窓口などが設置され、模擬用に駅まである。

この本格的な訓練センターで、東京メトロの社員や関係者がさまざまな訓練を受けているのだ。利用者への応対から窓口業務、自動改札機の保守や構造なども勉強し、日々の業務に活かしている。

もちろん、駅員だけでなく、地下鉄の運行に関わる乗務員（運転士や車掌など）が研修するシミュレーターや、保守作業員などが利用する研修室などもある。

本物そっくりに造られた訓練線・センター中央駅／東京メトロ提供

さらにこの施設には、他の鉄道会社では類をみない画期的な訓練施設がある。施設内に建設された「訓練線」だ。訓練線は実際の700mの線路に3つの駅施設が設置されている。いわゆる「営業線に準じた路線」であり、リアルな条件下での訓練が可能になっている。

従来、こういった訓練は、車両基地内の限られた空間や営業時間外に構内でおこなわれていたようだったが、総合研修訓練センターの開設によって、よりじっくりと時間をかけて高度な訓練ができるようになったのだ。

訓練線は「センター西駅」「センター中央駅」「センター東駅」から構成されていて「センター中央駅」を起点に、センター西方面が運行業務をテーマとした「運転実習線」、センター東方面が技術・保守業務をテーマにした「技術実習線」となっている。

運転実習線に使用されている車両は、現在も千代田線の綾瀬駅から北綾瀬駅で運行する北綾瀬支線用の05系車両と、退役した6000系第一試作車。05系車両のほうは専用の方向幕（列車の終点や経由を表示する装置）と車内案内表示機が設定可能で、センター西駅～センター中央駅の間を時速30～40㎞で走行する。

「センター西駅」は地上終端駅で、次のセンター中央駅までは、全長180ｍのコンクリート製のトンネルが設置されている。これは、地下鉄運行会社である東京メトロならではであり、このトンネル内に「センター中央駅」があるわけだ。つまり、「センター中央駅」は地下駅という設定である。

この駅ではホームドアや案内板、監視カメラにいたるまで、通常の営業駅となんら変わらない設備が整っている。このセンター中央駅からセンター東駅までは「技術実習線」となり、通常は送電がおこなわれておらず、電車の乗り入れができないようになっている。

この区間では、線路の補修や構造に関わる実習がおこなわれているため、感電などの危険を気にすることなく訓練が可能だ。

その他にも同施設には、過去の重大事故などの記録や参考書などを展示した「安全繫想館」があり、ヒューマンエラーなどを体験できる実習や、事故の状況やそれにいたる対策などが検索できるデジタルサイネージが設置されている。

「東京メトロ総合研修訓練センター」は、世界の鉄道からみても非常に画期的な研修施設であり、他の鉄道事業者との意見交換会もおこなわれるなど、鉄道の安全性を追求しているようだ。

東京メトロの社員は新人・ベテランを問わず、こういった施設を活用することで、事故防止や輸送障害が発生した場合での敏速な復旧などを目指し、安全な輸送を実現する努力を続けている。

有楽町線は「軍事・事業路線」という噂は本当か

有楽町線は、1974（昭和49）年10月30日に銀座一丁目駅～池袋駅が開業し、延伸を続けて現在の和光市駅～新木場駅となったのは、1988（昭和63）年6月8日であった。

沿線の経由地をみてみると、警視庁のある「桜田門」、国会議事堂のある「永田町」、防衛省のある「市ケ谷」、そして朝霞駐屯地のある「和光市」と、国防・公安関連

永田町駅ホーム／筆者撮影

の施設がある場所を経由しているのがわかる。

かねてから地下鉄は大地震などの災害に強く、また有効なスペースであることから、国会議事堂前駅や永田町駅などは「有事の際に拠点活動地になるのでは？」という噂も流れているほどだ。

実際、「ビッグレスキュー東京２０００」においての訓練では「迅速な救助活動のための交通手段確保の検証」という名目で、陸上自衛隊が地下鉄に乗って移動するという訓練が他路線（都営大江戸線）でおこなわれている映像をみたことがある。

海外に目を向けると地下鉄を軍事利用しているという話がたくさん出てくるが、日本の地下鉄の例を含めてあくまで「噂」でしかない。もし、本当に国防・公安関係に関わっている事案

桜田門駅と警視庁／筆者撮影

であれば、もちろん公表もできないだろうし、地下鉄の職員も大多数はその真相を知ることはできないだろう。

話を有楽町線に戻すと、軍事用に建設された路線という噂は幾度もメディアや書籍などに取り上げられている。東京メトロにも問い合わせが多く寄せられたようだが、やはりそこは当然のごとく関連性を「否定」している。

先ほども述べたように、そこは「国家機密」。問い合わせをすること自体がナンセンスであり、答えようのないことであるからだ。

筆者独自の観点から考えると、地下鉄のトンネルは構造上、外壁からの圧力に強く地震や重量物に耐える力があるが、トンネル内を走行する「内圧」に耐えるためには強度が必要だ。

トンネル内を走る地下鉄車両の重量と混雑時

の重量は当然この強度に入っているが、例えば地下鉄のトンネルで自衛隊の軍用車両などの貨物輸送をおこなう場合、これらの車重も含めた強度が必要となり、通常のトンネル構造では重量オーバーということになる。

またトンネル内部の有効スペースも鉄道車両が基準となっており、軍用車両を装備した列車や軍用車両自体がこのトンネルを走行するのは、極めて不可能であろうと推測できる。

しかしながら、軍事利用というのは何も車両の移動だけではない。前述したように、大江戸線で自衛隊訓練をした実績がある。「自衛隊員の移動手段としての利用」としてなら可能である。有事に首都防衛に向かおうとした際、地上の交通手段が壊滅状態の場合は、有楽町線を利用して自衛隊員を大量輸送することは考えられるであろう。

和光市の車両基地から特別列車を仕立てて「市ケ谷」の防衛省を経由し、「永田町」の国会議事堂に向かうことはできそうだ。

さらに「新木場」方面からは、新木場車両基地にて海外貨物船からの救援物資を搭載した列車が「銀座」などの都心に乗り入れることも可能だ。

実際、新木場の車両基地は海外への譲渡車両の搬出をおこなっており、大型物資の受け入れが可能であると考えられる。有楽町線の軍事・事業路線という話は、あくまで「噂」の範囲である。が、その目的で利用されることが100％ないとはいえない。

西武鉄道の新型特急が乗り入れてくる可能性は？

近年では、直通先の優等列車が地下鉄へ乗り入れる事例が多くなってきている。東京メトロでは、千代田線の直通先である小田急電鉄から特急ロマンスカーが乗り入れて毎日運行され、土休日には行楽地に向けて臨時列車が運行されている。では有楽町線はどうかというと、西武鉄道、東武鉄道と相互直通運転をおこなっている。

西武鉄道は1969（昭和44）年から「特急レッドアロー」という特急列車を走らせており、西武池袋線の池袋駅～西武秩父(ちちぶ)駅と西武新宿駅～本川越(ほんかわごえ)駅を結んでいる。加えて今年2019（平成31）年3月からは新型特急「Laview（ラビュー）」が運行を開始。今後、既存のレッドアローをすべて置き換えていく意向だ。

この「Laview」、特急レッドアローに代わる西武鉄道の新しい看板特急として話題になっている。

西武鉄道新型特急車両「Laview」／筆者撮影

その外観デザインは、タイムカプセルを思わせるような前頭部、車体のアルミ肌を活かしており、鏡のように周りの風景に溶け込むシルバーは、鉄道ファンではなくても乗ってみたくなるような列車である。

現状の「Laview」は有楽町線や副都心線への乗り入れはおこなっていないが、地下トンネル内の運行用に、保安設備として必要な前面貫通扉を装備しており、アルミ車体で不燃化構造になっていることからも、保安装置や地下鉄用無線装置の改造をおこなえば、車両構造的にはまったく問題なく乗り入れができるはずだ。

また、「Laview」の登場に先立って、

「S-TRAIN」車両／筆者撮影

２０１７（平成29）年3月より西武鉄道の４００００系を使用した座席指定の通勤列車「Ｓ-ＴＲＡＩＮ」が、平日は西武池袋線の所沢（ところざわ）駅〜豊洲（とよす）駅まで運行されている。

土休日には副都心線を経由して東急東横線・みなとみらい線へ乗り入れており、西武秩父駅〜元町・中華街駅を結んでも運行されている。

「Laview」が地下鉄へ乗り入れることになれば、現在の「Ｓ-ＴＲＡＩＮ」と同じく通勤需要の高い永田町・銀座を経由する有楽町線系統から、横浜などの行楽地需要を抱えた副都心線系統をメインとして乗り入れる可能性が高いであろう。

運用的には「S-TRAIN」が有楽町線系統、「Laview」が副都心線系統という住み分けがされる可能性もある。

しかし、実は以前に、有楽町線へも特急型車両の入線がおこなわれていた過去がある。千代田線との連絡線を通じて新木場駅まで、小田急ロマンスカーMSE60000形による「ベイリゾート」（新木場駅〜本厚木駅間）が乗り入れていたという実績があるのだ。このことから、有楽町線に「Laview」が乗り入れる可能性も十分あると考えられる。

「Laview」の「ベイリゾート」運用も密かに期待したいところだ。

豊洲駅〜住吉駅間は本当に開通するのか？

有楽町線は1988（昭和63）年の新木場開業によって、和光市駅〜新木場駅で建設を完了している。

当初の予定は1968（昭和43）年の都市交通審議会答申第10号において、東京8号線（現在の有楽町線にあたる）は成増・練馬方面より向原、池袋の各方面を経由し、護国寺、飯田橋、市ケ谷、永田町、銀座を経て明石町にいたる路線として計画された路線であった。

半蔵門線・住吉駅／筆者撮影

この計画をみると、ほぼ現在と重複した路線になったことで全線開通と思って間違いないだろう。

しかし実は、豊洲駅から分岐して半蔵門線の住吉駅にいたる部分が計画されていることをご存じだろうか。いわゆる有楽町線の「支線」と呼べる部分だ。これは都市交通審議会答申第15号において、東京8号線の豊洲以北延伸という形で記された。

具体的には、1982（昭和57）年に豊洲〜亀有間を当時の営団地下鉄（現・東京メトロ）が鉄道事業として免許申請をした。

当時の予定としては、豊洲から分岐した有楽町線を住吉で半蔵門線と合流させ、半蔵門線と有楽町線のダブルで葛飾区の四ツ木まで共用区間とし、有楽町線は常磐線との接続駅である亀有駅に到達するという路線計画だった。

免許申請を出してから35年以上にもなるが、実現できない理由として、計画地域の交通情勢の変化や人口流動が考えられる。実際、半蔵門線が押上開業を果たした時点で、東武鉄道との相互乗り入れが開始されており、半蔵門線の電車は南栗橋・久喜方面へと向かっている。

また、京成バスと江戸川区が整備をおこなった急行路線バス「シャトルセブン」(東京ディズニーリゾート~亀有駅)も運行を開始しており、同地域での人の流れはある程度確保されつつあった。

しかしながら延伸区間の免許の有効性がなくなったわけではなく、現在も計画線としての構想がないわけではない。

東京メトロは「副都心線」の開業をもって同社の地下鉄建設は完了したという姿勢を示しているが、延伸予定区間の自治体(江東区・葛飾区・足立区)が中心となって、計画実現を推進するべく関係部署と根強く協議をおこなっているからだ。

このうち「豊洲駅~住吉駅間」は江東区が中心となって協議されているが、同区間においては開業する可能性が他の区間よりも高い。

有楽町線の豊洲駅と半蔵門線の住吉駅においては延伸した線路が接続できるよう

有楽町線・豊洲駅／筆者撮影

京成バス「シャトルセブン」／筆者撮影

にスペースが確保された状態で建設されていて、現在豊洲駅のスペースは臨時列車や豊洲駅始発の列車が使用している。

一方、合流する半蔵門線の住吉駅にも同接続スペースが確保されており、現在は回送列車の留置スペースとして使用されているのだ。また同区間で開業すれば、地域だけでなく運行する東京メトロにもメリットが生まれる。

地域にとっては、従来は路線バスしかなかった南北の移動に地下鉄を利用することができ、中間駅が建設されれば、ＪＲ京葉線や東京メトロ東西線との乗り換えもスムーズにできるようになる。

東京メトロにとっては、有楽町線と半蔵門線がつながることで新木場車両基地や東武線内にある千住検車区竹ノ塚分室などでの車両のやりくりがスムーズになるため、日比谷線の車両や半蔵門線の車両の改良工事を新木場でおこなうことができる。

今後、同区間の実現に向けては運行と整備を分離した「上下分離方式」という形で事業を進めていく可能性はある。

利用者にとっては、悲願といえる他線へ乗り換え可能な中間駅の整備は決定していないものの、東京メトロ線において、開業する可能性が一番高い区間であることは間違いないだろう。

西武鉄道の「西武有楽町線」が"旧営団式"だったわけ

有楽町線は、1968（昭和43）年12月の東京都市計画高速鉄道網の第8号線にあたる。このうち小竹向原駅（当時は「向原」と呼称）を境に、都心側は営団地下鉄が建設し、向原から練馬方面は西武鉄道が建設することになっていた。

まず、西武鉄道が完成させたのが小竹向原駅〜新桜台駅間で、1983（昭和58）年9月のことであった。翌10月1日に開業し、同時に営団地下鉄・有楽町線との直通運転が開始されたが、当時は新桜台〜小竹向原間（1・2㎞）と1駅区間であったうえ、他の西武鉄道（池袋線）などへの線路がつながっていなかった。

そのため、西武鉄道の自社車両は製造せず、営団有楽町線用の7000系を借り入れる形で運転をおこなっている。当該路線名称も、営団地下鉄の「有楽町線」の一部であることから、路線名の頭に社名を記した「西武有楽町線」を名乗った。

この名称はあくまで「西武」を含めた呼称が路線名であり、「営団有楽町線」と並べて表記するならば「西武・西武有楽町線」というややこしい表現になってしまう。西武鉄道が建設したはずの「新桜台駅」も、旧営団タイプの駅名標や案内板が採用されていた。

西武有楽町線・練馬駅〜新桜台駅間全線開通記念／東京メトロ提供

そのうえ、来る電車は営団の7000系。本当にこの駅は西武鉄道の駅なのかという疑問符がつくほどだった。ちなみに西武有楽町線区間の乗務は、西武鉄道の乗務員が担当し、都心方面へは小竹向原駅にて営団の乗務員と交代するようになっていた。

運転管理においては、西武有楽町線の指令業務は小竹向原駅構内に設置した西武鉄道からの派遣指令員が、新桜台駅のポイント制御などをおこなっていた。

西武有楽町線の保安装置は他の西武鉄道の路線と同様にＡＴＳ（17ページ参照）を採用することを考えていたようだが、接続していないことを踏まえて、これも当時の営団有楽町線と同様に、車内信号付きのＡＴＣ（132ページ参照）を採用した。

当時の営団仕様で造られた西武有楽町線の新桜台駅／筆者撮影

この西武鉄道による西武有楽町線の短路線運用だが、1994（平成6）年12月に、ようやく新桜台駅～練馬駅間が開業し、西武池袋線と線路がつながった。

4年後の1998（平成10）年3月からは、営団地下鉄有楽町線が西武有楽町線を経て、西武池袋線との相互直通運転が開始された。晴れて西武鉄道が運行する西武有楽町線も、双方の連絡路線としての役割が果たせるようになったのだ。

2013（平成25）年からは、東京メトロ副都心線の開業に合わせて、旧営団仕様だった新桜台駅の駅名標や案内板を西武鉄道仕様に変更している。

このように地下鉄との連絡用に短路線が開業されるのは珍しいことではないが、長い期間にわたって他社線が、あたかも営団地下鉄の路線のように運行していた例は類をみないであろう。

路線カラーはゴールドなのに、なぜ「黄色」と誤解される?

有楽町線の一般利用者に「有楽町線のラインカラーは?」と聞けば、大多数の人が「黄色」と答えるだろう。

そもそも東京の地下鉄は、利用しやすいように路線ごとに「路線識別色(シンボルカラー)」が定められている。近年では、外国人利用の増加やバリアフリーの観点から、路線識別色に加えて「路線識別記号(アルファベット)」も使用され、よりわかりやすい地下鉄網が確立された。

路線識別色が設定されたのは、東西線を建設する昭和30年代半ばごろといわれている。当時の営団関係者の間から「車両の色を路線カラーにして、サービスの向上を図ろう」という構想が持ち上がっていたからだ。

1970(昭和45)年には営団地下鉄と都営地下鉄が協議し、路線ごとにシンボルカラーが定められた。これによって、営団地下鉄の各路線にシンボルカラーが決まってきたわけだ。

イエロー帯が巻かれていた7000系増備車両／東京メトロ提供

ここで有楽町線に話を戻そう。このとき、有楽町線に与えられた路線識別色は黄色ではなく「黄土色」。ニックネームは「ゴールドライン」で、JIS規格の安全色の記号は2・5Y7／10だった。

決められた色彩は路線地図や案内表示に活用して、JIS規格の安全色どおりのものを活用していくわけだが、車両については指定色のイメージが変わらない程度であれば、多少の変更は差し支えないと定められていた。

つまり「車両の設計者にある程度の自由が許されている」というわけだ。当時の7000系の路線識別帯をみると、明らかに「黄土色」ではなく「黄色」である。ゴールドや黄土色は光線によって微妙な色合いになってしまうからなのか、多くの人に「黄色」とみえてしまう配色だった。

有楽町線のラインカラーが黄色と誤解されてしまうのも、これで納得がいくだろう。のちに設定された路線識別記号も「Yurakucyo-Line」の頭文字である「Y」が起用され、「yellow＝イエロー」と連想させてしまうことからも、「ゴールド」ではなく「イエロー」に改めたほうが、外国人利用者からもわかりやすいと思うのは筆者だけであろうか？

現在、「黄色」ではなく、黄土色（ゴールド）の帯を巻いた7000系は、副都心線との車両共用化に伴って「茶色」を基調とした「黄土色」と「白色」の細帯を配した路線識別帯に変更されてしまった。つまり有楽町線は案内板と路線図のみラインカラーが残り、実際の車両のカラーリングは消滅してしまったことになる。

今後、7000系に代わる新型車両として17000系が導入される予定だが、初期デザインでは副都心線と共用するため、それに準じたカラーリングが考えられているようだ。利便性の向上からも有楽町線専用として、イエローラインの車両が登場することを期待したい。

ちなみに路線ごとにシンボルカラーが設定される以前は、日比谷線の路線図は紫（現在はシルバー）の帯で案内され、都営地下鉄6号線（現在の三田線）の車両は路

現在の7000系。副都心線と兼用で運用されている／筆者撮影

新型車両17000系のイラスト／東京メトロ提供

線識別帯として「赤」が採用されていたが、丸ノ内線とシンボルカラーが重複するという理由から、「濃い青」に変更された経緯もある。

❼ 半蔵門線

全線開通までは苦労の連続！
東急と縁深いパープルの路線

渋谷 Z01 F G
表参道 Z02 C G
青山一丁目 Z03 G
永田町 Z04 N Y M G
半蔵門 Z05
九段下 Z06 T
神保町 Z07
大手町 Z08 C T M
三越前 Z09 G
水天宮前 Z10 H
清澄白河 Z11
住吉 Z12
錦糸町 Z13
押上 Z14

開業時に東急電鉄の車両を借用していたのは、なぜ？

半蔵門線は渋谷駅〜押上駅を結ぶ路線で、渋谷駅からは東急田園都市線との相互直通運転を中央林間駅までおこない、逆に押上駅からは東武スカイツリー線を経由して、東武日光線の南栗橋駅と東武伊勢崎線の久喜駅まで相互直通運転をおこなっている。

最初に開業したのは、１９７８（昭和53）年8月1日。渋谷駅から青山一丁目駅の２・７㎞での開業であった。そもそも半蔵門線は１９６８（昭和43）年の都市交通審議会答申第10号において11号線と名づけられ、二子玉川方向より三軒茶屋、渋谷、神宮前、永田町、九段下、大手町を経て蛎殻町にいたる路線として設定された。

このうち、二子玉川〜渋谷間を東急電鉄が、渋谷から先を営団地下鉄（現・東京メトロ）が建設することになり、東急電鉄が新玉川線として営団地下鉄より1年早く、１９７７（昭和52）年に二子玉川園駅〜渋谷駅間を開業させた。なお、渋谷駅のみ営団が建設したものの、営団側の運行区間・最初の開業は1年後である。

営団半蔵門線として渋谷駅〜青山一丁目駅間までが開業すると、さっそく、東急新玉川線の車両である東急電鉄８５００系が同区間に乗り入れてきた。しかし、営

東急電鉄の車両を借りて運行を開始した半蔵門線／東京メトロ提供

団側としては半蔵門線用の車両を用意していなかった。

理由は、車両基地の建設に時間がかかっていたことと、短い区間の開業であったためのようだ。自社の車両がないまま、東急電鉄の8500系を借用して半蔵門線の運行がスタートしたが、開業に先立って東急電鉄と営団地下鉄の乗り入れ車両の協議には、だいぶ時間を要したようだ。

両社に限らず、相互乗り入れがおこなわれるときには、それぞれの乗務員が相手方の車両に乗務した際に「誤扱い（操作ミス）」が発生しないように取扱手順の共通化によって、操作方法と機器の配置が決められている。

営団が東急の車両を取り扱うことになっ

て懸念されていたのが、運転操作をするマスコンだ。当時、東急では「ワンハンドルマスコン」という加速と減速をひとつのハンドルで行う方式が主流で、８５００系にもこの方式が採用されていた。

営団は当時の最新車両である有楽町線用の７０００系でも、従来と同じブレーキとマスコンが独立したタイプ（俗にいうツーハンドル）が主流であった。協議が難航したものの、最終的には営団が受け入れた形となり、営団の乗務員では初めてワンハンドルマスコンの取り扱いをおこなうことになった。

営団に自社による半蔵門線車両が導入されたのは、１９８１（昭和56）年のこと。のちの延伸予定やダイヤ改正などから、車両本数の増大が見込まれたため、営団としても自社車両が必要となったわけだ。

登場した新型車両は８０００系と呼ばれ、千代田線用の６０００系、有楽町線用の７０００系に続く、３兄弟の末っ子という印象である。車両の外観も両形式に似た形となり、アルミ車体に路線識別帯であるパープルを巻いている。

半蔵門線用の８０００系にも東急電鉄８５００系と同じ、ワンハンドルマスコンが採用されている。また、この８０００系では６０００系からの思想である省エネ対策として、サイリスタチョッパ制御を引き続き採用しているが、日本の電車で初

登場当初の8000系車両。当時は8両編成と6両編成で運転された／東京メトロ提供

新型車両18000系のイラスト／東京メトロ提供

めて本格的にボルスタレス台車を採用したことも特筆される。

「ボルスタ」とは台車に搭載している「枕梁（まくらばり）」のことで、8000系では空気バネ台車の能力を活かし、「枕梁」を省略（レス）することで軽量化されている。のちにこのボルスタレス台車は営団のみならず、国鉄の通勤車両や他の鉄道会社の新型車両に普及し、現在では多くの鉄道車両に採用されている。

なお、東京メトロの2019年度（第16期）事業計画では、新型車両18000系の導入が計画されている。東京メトロの標準車両10000系をベースとした車両のようだが、今後の具体的な仕様がどのようなものになるか楽しみである。

紆余曲折あれどついに全通！ その陰で囁かれる延伸計画とは？

半蔵門線は1978（昭和53）年8月1日の渋谷駅～青山一丁目駅の開業から20年以上も経った2003（平成15）年3月19日に、水天宮（すいてんぐう）前駅～押上駅間が開業し、渋谷駅～押上駅間の「全線開通」の悲願を達成した。

半蔵門線の第一期延伸建設は、1979（昭和54）年9月に永田町駅まで延伸したが、開業当初は永田町駅に折り返し設備がなく、この区間は単線で運行されていた。そのため、ラッシュ時間帯は青山一丁目止まりと永田町行きを交互に運転して

土木工事が完了した三越前駅／東京メトロ提供

いた。

半蔵門駅まで延伸したのは、1982（昭和57）年のこと。この半蔵門駅開業に先立って、青山一丁目駅～永田町駅での単線運行を解除し、複線での運行を開始した。そして、1989（平成元）年には三越前駅まで開業したが、半蔵門駅～三越前駅間においては地権者の同意を得ることが難しく反対運動が巻き起こったため、開業が大幅に遅れていたようだ。

同区間は地盤が軟弱であるにもかかわらず、高層の建築物が多く基礎鋼もかなり深く打ち込まれている。これらを支障なく掘り進めるために大変な苦労をしたという。

また、関係者からは保証金に相当する代替用地の要求がなされ、近隣に土地を購入して関係者に譲渡することで計画を進めようとした。だが、土地価格が高騰し始め、とくに人形町通りに面した場所では「契約を遅らせて保証金を上げよう」とする動きがあり、多額の保証金を営団地下鉄に要求していたようだ。

しかし、粘り強く交渉を続け全面解決したのち、工事が進められたという。1990（平成2）年に水天宮前駅まで開業、1993（平成5）年12月に水天宮前駅～押上駅までの工事に着手し、10年後の2003（平成15）年に水天宮前駅～押上駅の「全線開通」を果たした。

押上駅からは東武スカイツリー線との相互直通運転を開始したが、運輸政策審議会において、1985（昭和60）年の答申第7号で、11号線（半蔵門線）の延伸が記されている。

内容は、深川扇橋（現在の水天宮前駅）が終点だったが、錦糸町駅・押上駅よりさらに延伸して、常磐線と接続可能な千葉県の松戸駅までの延伸と記されている。押上駅が2面4線（ホーム2つ・線路4本）としたのも、このことが影響したと考えられる。

線路4本中、真ん中に使用している2番線と3番線は、渋谷方面への折り返し用のポイントがあるが、反対側の曳舟方面（東武側）には接続するポイントがなく、

押上駅ホーム中2線は折り返し用に使われている／筆者撮影

松戸方面延伸用といわれ、先はコンクリートで塞がれている／筆者撮影

ホームからは下り勾配右カーブになっており、コンクリート壁で車止めになっている。普通に考えれば、曳舟駅側にもポイントを設置し、異常時に東武線からきた列車を折り返すことが可能なようにつくるはずだ。

地下鉄関係者によると「2番線・3番線の処置は現在、渋谷方面からの折り返し用としてのみ使用しているが、曳舟後方の線路が下り勾配のカーブで建設されているのは、松戸方面への延伸アピール」とのことだ。ここでのポイントは、「あくまでアピール」というもの。延伸する可能性は低いと感じた。

松戸までの延伸は四ツ木・金町などの葛飾区内を走る区間がある。東京23区のなかでも葛飾区は唯一、地下鉄の駅が存在しない区（隣接する綾瀬駅は足立区）であり、当該区間にとっても、半蔵門線の延伸は悲願といえよう。

しかしながら、葛飾区を走る常磐線や京成線はいずれも地下鉄と相互直通運転をおこなっており、都心部へのアクセスに不便とはいえない。

だが、相互直通運転を使って都心部に入るということは、乗っている電車はひとつでも複数の鉄道会社にまたがって運賃を支払うこととなり、割高感もある。都内の地下鉄は葛飾区内への延伸を達成することで、東京都心部の交通ネットワークの完成、と考えるほうが無難だと筆者は考える。

不便は解消すべし！「九段下の壁、撤去」を決めたメトロ

九段下駅は１９６４（昭和39）年の12月に東西線の開業で誕生した駅である。１９８０（昭和55）年３月からは都営地下鉄新宿線が、さらに９年後の１９８９（平成元）年1月に半蔵門線が開業し、地下鉄３路線が集まるターミナル駅となった。

半蔵門線の駅設備は、都営新宿線と一体構造として工事がおこなわれ、都営新宿線の工事完了時にはほぼでき上がっていたようだ。しかし、付近の工事区間で地権者との話し合いが難航した影響もあって、使用を開始したのは都営新宿線が開業した９年も後になってしまった。

九段下駅の都営新宿線と半蔵門線のホームが一体構造になった理由として、両線は九段坂上から東西線の下、日本橋川下を通り神保町（じんぼうちょう）まで並行し、競合工事となることから、九段下駅～神保町駅間の延長約７７０ｍを都営新宿線の事業主である東京都交通局に設計と施工を委託していた。

そのため、同区間では半蔵門線と都営新宿線が地下区間で複々線状態になる珍しい配線形態をしている。九段下駅は両線のホームも複々線形態で設置されたが、事業主が別々であることから壁で仕切られていた。

現在の九段下駅／筆者撮影

利用者が同駅で両線を乗り換えようとすると、いったんコンコースまで上がってから改札を出なければならず、ホーム自体は同一階でありながら、かなりの手間がかかっていた。

またコンコースへの階段が、仕切られた壁によって、ホームの一部が狭くなっており、転落事故につながる危険性もあった。そこで、東京メトロと東京都交通局は、２０１１（平成23）年11月にサービス一体化に向けた取り組みとして、九段下駅のホーム壁の撤去を発表した。

同年12月15日から撤去工事を開始し、２０１３（平成25）年3月16日より運用されると、４番線（半蔵門線押上方面）と5番線（都営新宿線新宿方面）は、同一ホームでの乗り換えが可能になったのである。

東京メトロと東京都交通局が互いの隔（へだ）たりを

日比谷線秋葉原駅への乗り換え看板(都営岩本町駅)/筆者撮影

解消したのは、「九段下駅の壁」だけではなかった。

同日から日比谷線の「秋葉原駅」と都営新宿線の「岩本町駅」が乗換駅に指定された。両駅は駅名こそ違うが、神田川を挟んで500mほどしか離れていなかったためだ。

また、都営三田線の「春日(かすが)駅」と丸ノ内線・南北線の「後楽園駅」、さらに「市ケ谷駅」は、都営新宿線と有楽町線・南北線でも、改札通過サービスが導入された。

これらは、東京の地下鉄に不慣れな外国人観光客にとっても便利なはずである。その他、東京メトロと都営地下鉄は、案内看板やサイン方式も両者の協議のうえで統一のデザインに変更されており、事業者こそ別だが、「同じ東京の地下鉄」という認識をもっているようだ。

今後は、東京メトロと東京都交通局の両者がどのようなサービスを展開していくかにも注目したい。

「銀座線の悲願」を果たした半蔵門線の直通運転

東京メトロ銀座線の渋谷駅は、もともと東京高速鉄道（東急系）が1938（昭和13）年に建設した駅だ。東京高速鉄道は銀座線の新橋駅～渋谷駅を建設した会社で、大山街道（現在の玉川通り）に向かって延長を予定していたことがある。

これは、かつて存在していた軌道線（路面電車）の「東急玉川線」に乗り入れる形である。本格的に決定したのは1956（昭和31）年の免許申請から始まった。

予定していた経路もほぼ決まっていたようで、銀座線の渋谷駅から地下へ潜り、三軒茶屋駅は地下駅、三軒茶屋駅から先は地上に出て蛇崩川（じゃくずれがわ）を渡り、高架線を走り、桜新町（さくらしんまち）駅手前で地下に入る予定であった。

完成は1964（昭和39）年の東京オリンピックに間に合わせる予定だったが、高架線で建設する予定区間の沿線住民から反対されたことや、オリンピック需要に伴った道路拡張工事、高速道路建設工事に重なり、工事はどんどん遅れてしまった。

銀座線と玉川線が直通することで渋谷駅での乗り換えの混雑を緩和するはずだっ

銀座線と同一のホームで乗り換えられる表参道駅のホーム／筆者撮影

たが、工事が進まないまま銀座線の輸送量がパンク寸前になってしまったのだ。

そのため、計画を一度白紙に戻し、11号線（つまり現在の田園都市線と半蔵門線の路線系統）は、1968（昭和43）年都市交通審議会で二子玉川〜日本橋蛎殻町としての答申がなされた。

銀座線と玉川線の境界駅の予定だった「渋谷駅」を11号線案でも同様案として引き継ぎ、東急玉川線の新線を地下鉄で東急電鉄が建設して「東急新玉川線（のちに田園都市線）」とし、渋谷から先を新路線として営団が「半蔵門線」を建設することになった。

1977（昭和52）年、11号線は東急が運行する二子玉川園駅〜渋谷駅間の「新玉川線」を開業。1年遅れて営団が運行する「半蔵門線」（当時は渋谷駅〜青山一丁目駅まで）を開業させた。

従来の銀座線の列車が二子玉川園駅まで運行する予定にはならなかったものの、半蔵門線の表参道駅では、同一ホームで銀座線との乗り換えが可能になり、銀座線の悲願は半蔵門線が達成したといえる。

開業当初から半蔵門線は、全列車が東急線内に直通運転する形でダイヤが組まれ、渋谷駅を境に運行会社においては二分されているものの、同一路線といってもおかしくない。

ちなみに境界駅となった渋谷駅だが、両社の起点となる駅であるにもかかわらず、上記の理由からか、島式のホームひとつで、上下線合わせて1本ずつの線路となっている。この設備だけではダイヤの増発にも限界がある。

11号線の計画当初では、「渋谷駅」より隣の「表参道駅」のほうが需要が高いと思われていたようなので、今後、輸送需要が上がり増発を考えたとき、ホームひとつという渋谷駅の現状がどう影響するかが懸念されている。

ホームの増設といえば、東西線の南砂町（みなみすなまち）駅が工事の最中だが、もし地下構造物が多い半蔵門線の渋谷駅で同様の工事がおこなわれるとしたら困難を極めるだろう。半蔵門線の輸送需要が限界を超え始めたとき、どのような抜本的な対策がなされるかに注目したい。

なわれている。

ちなみに、東急電鉄と東京メトロは半蔵門線以外の路線でも相互直通運転がおこ

東急線の駅に半蔵門線の車両基地があるって?!

地下鉄誕生の経緯は、「地上に乗り物が増えすぎたから」という話を聞いたことはないだろうか。この話には、近代に入って自動車や路面電車などの往来が激化し、新たな鉄道を建設する余地が少なくなった経緯がある。

しかし、地下鉄建設には莫大な期間と費用がかかるわけで、ひとつの企業だけではとても賄(まかな)いきれないプロジェクトである。

いちばんのネックは、地面の下にトンネルなどの設備を建設することで、地下に車両基地を建設する場合などは膨大な建設費がかかり、工事も大掛かりになってしまう。そこで、車両基地などの管理施設だけは地上で建設することが多い。

千代田線の章で、車両基地を足立区(谷中(やなか))の地上に建設したことで、接続となる綾瀬駅の開業では、常磐線との結びつきが強くなったと述べた。

鉄道の車両基地は、郊外に広大な土地を買いつけて、そこを車両基地とする方法がとられるのが一般的であった。だが半蔵門線の場合は、同線の営業区間ではない

鷺沼車両基地空撮写真／東京メトロ提供

乗り入れ先の東急田園都市線・鷺沼駅に隣接する形で「東京メトロ鷺沼車両基地」がある。

営団地下鉄（現・東京メトロ）として他社線沿線に車両基地があるのは、日比谷線の「竹ノ塚車両検車区」（現・千住検車区竹ノ塚分室）に続いて2例目となった。もともとは東急電鉄が保有する「鷺沼検車区」であったが、半蔵門線開業に伴って、営団地下鉄の車両基地へと移管されたものである。

東急電鉄としては長津田に新たな車両基地を建設し、そこに東急の車両基地としての機能を移転した。しかし、長津田の建設予定地で縄文時代の遺跡が発見されたことから、この発掘作業のために営団地下鉄への検車区移設の計画に影響が出てしまった。

最終的に営団地下鉄としての鷺沼検車区が発足したのは、1980（昭和55）年9月のこと。同年11月から待望の半蔵門線用新造車両8000系の受け入れが始まり、実際に車両の検査業務が始ったのは、翌年3月のことだったようだ。

計画当初は、通常の半蔵門線車両の検査は鷺沼検車区でおこない、工場検査などの重要部検査では将来の延伸区間に東西線との連絡線を設けて深川工場に入れ、検査できるようにする合理化の計画があったようだ。

現在は、半蔵門線車両の検査などはすべて鷺沼検車区でおこなわれているが、2004（平成16）年2月からは日比谷線千住工場との統合で、半蔵門線車両に加えて日比谷線車両の検査もおこなわれている。その際、日比谷線の車両は中目黒から東急各線を通じて、鷺沼検車区に入場するようになっている。

しかし、そもそも半蔵門線の車両基地がなぜ、直通先の鷺沼駅に隣接する形で建設されたのだろうか？

それは、最初の開業区間（渋谷駅〜青山一丁目駅）が短く、また営団地下鉄としては自社車両をもたず東急の車両を借用していたことや、計画当時の終点が中央区

（現在の水天宮前駅付近）を予定していたので、用地の調達が困難であったためだ。

このような形で他社線上に車両基地が存在するのは、地下区間を主な営業路線とした東京メトロならではといえるだろう。

8 南北線

エメラルドグリーンの車両は
近未来の地下鉄の象徴となる?

目黒 N01
白金台 N02
白金高輪 N03
麻布十番 N04
六本木一丁目 N05
溜池山王 N06 C M G
永田町 N07 Z Y M G
四ツ谷 N08 M
市ケ谷 N09 Y
飯田橋 N10 Y T
後楽園 N11 M
東大前 N12
本駒込 N13
駒込 N14
西ケ原 N15
王子 N16
王子神谷 N17
志茂 N18
赤羽岩淵 N19

今や定番のホームドアを普通鉄道で最初に採用！

南北線は２０００（平成12）年９月26日に全線開業（赤羽岩淵駅〜目黒駅）した。目黒駅〜白金高輪駅間は、都営地下鉄の三田線と駅及び線路を共用している。

全線開業にいたるまで、ほぼ経由地の変更をせずに開業した路線だ。計画こそ千代田線開業以前からあったものの、最初の区間の開業は平成に入った１９９１（平成３）年で、赤羽岩淵駅〜駒込駅間の６・３㎞だった。

当時の営団地下鉄（現・東京メトロ）は、半蔵門線以降久しぶりの新線開業ということで車両のみならず、至る所に最新の技術が積極的に採用された。そのなかでも注目はホームドアだ。

現在こそＪＲ山手線にまで普及し定番となりつつある安全対策だが、当時の東京の主要路線としてはほぼ初めてといえるホームドアが採用された。

ホームドアは、利用者がホームから線路内に転落しないように設けられた「ホーム可動柵」といわれているもので、転落事故による運行中止などを防止するために設置している。

南北線には91年の開業当初から、いわゆる「柵」ではなく、ホーム天井まで覆っ

南北線のフルスクリーン型のホームドア／筆者撮影

た「フルスクリーン型」と呼ばれるものが採用されているため、これを乗り越えて線路上に転落することは物理的に不可能であろう。

　このタイプは列車進入時の風圧により、ホーム上の利用者が影響を受けることもない。つまり、東京メトロ南北線における転落による人身事故は、ほぼゼロであるといえる。

　そして延伸開業時も、赤羽岩淵駅〜白金台駅の全駅にフルスクリーン型のホームドアが設置された（目黒駅は東急電鉄管理駅のため柵タイプである）。

　この事例によって、営団として初めて、運転士が車掌の業務を兼任するATO自動列車運転装置による「ワンマン運転」となり、運転業務の簡略化と安全性向上のため、駅到着時のドア操作も運転士がおこなうことになった。

有楽町線の柵タイプのホームドア／筆者撮影

これに伴い、安全対策としては、主に3つのセンサーでの対策が施されている。

(1)人がホームドア（線路側）と電車との間に入ってしまった場合、「障害物センサー」で検知。

(2)人や手荷物がホームドアに挟まれた場合、「戸先センサー」で検知。

(3)人や手荷物がホームドアと電車のドアの両方に、またはホームドアに挟まれた場合、「戸挟みセンサー」で検知。

これにより、異常を検知した場合、閉じかけたドアは、いったん開いてから閉まるようになっている。再びセンサーが動作すると、ドアは開いたままで列車の発車ができないようになっており、駅事務室や総合指令所に異常を検知する信号が発信されるという仕組みだ。

南北線で採用したホームドアは開業以降、大きなトラブルもなく運用されている。

全線が開業した2000（平成12）年9月26日以降、東急目黒線から乗り入れてくる3000系、2001（平成13）年3月28日以降、埼玉高速鉄道線から乗り入れてくる2000系も、同じようにワンマン運転とホームドア運用がおこなわれている。

南北線以降に開業した副都心線や既存の丸ノ内線や有楽町線をはじめとする路線でも、ワンマン運転への切り替えやホームドア（フルスクリーン型ではない）の取り扱いが始まっている。

ちなみに既存駅へのホームドア化の際には、完成したホームドアを車両基地から回送電車で設置駅に運び込み、設置場所に降ろされる。

既存駅のホームドアが南北線のようなフルスクリーン型ではない理由は、営業しながら改修してフルスクリーン型を設置することが困難だからだ。柵タイプであれば比較的簡単な工事で済み、駅も営業したまま改修工事ができる。

また、電車での搬入も考慮して柵タイプにしたケースもあるだろう。これらの導入実績を踏まえて、東京のすべての地下鉄路線でホームドアとワンマン運転を併用する可能性がある。

相鉄都心直通で激変する?! 南北線の運転系統

最近の東京圏や関西圏では、既存の路線同士で相互直通運転をおこない、乗り換えなしで最終目的地へ行けるようになっている。

日本では他社線同士の相互直通運転はもちろん、ＪＲ東日本の湘南新宿ラインや上野東京ラインでは、自社の東海道本線や東北本線などを相互に直通させ、利便性の向上を図っている路線もある。

営団地下鉄では、１９６２（昭和37）年から日比谷線と東武伊勢崎線でおこなわれた相互直通運転から始まり、最近では２０１３（平成25）年の副都心線と東急東横線・みなとみらい線との直通運転にいたるまで、日比谷線以降に開業したすべての路線で相互直通運転がおこなわれている。

東京メトロにとって「相互直通運転」は、ひとつの御家芸（おいえげい）といえるであろう。

南北線の場合は全線開業後の翌年、２００１（平成13）年3月28日に埼玉高速鉄道線（赤羽岩淵駅～浦和美園（うらわみその）駅）開業に伴い、相互直通運転を開始。埼玉高速鉄道線の浦和美園駅から南北線を通じて、東急目黒線の日吉（ひよし）駅を結んでいる。

東急線の日吉駅には、南北線以外に渋谷駅から東急東横線として直通してきた副

南北線9000系リニューアル車両／筆者撮影

都心線の車両や、東武鉄道、西武鉄道の車両が乗り入れており、同線の優等列車である「Fライナー」や「S-TRAIN」も通過する。

さらに、2022年以降に開業を予定している「相鉄・東急新横浜線」では、神奈川県の海老名や湘南台から日吉駅までの運行が予定されている。

この路線が開業すれば、南北線を経由して都心部へのアクセスが可能になり、神奈川県のベッドタウンからの利便性が向上する。また新横浜線は新横浜駅から東海道新幹線への乗り換えが可能なため、将来的に南北線沿線から乗り換えなしで新幹線駅まで行くことができそうだ。

逆に「相鉄・東急新横浜線」が東急目黒線を経由して「南北線」へ乗り入れてくる可能性もあるが、具体的な構想については公式発表され

都営三田線（左）と埼玉高速鉄道（右）の車両／筆者撮影

ていない。

しかし、新横浜線からきた列車を日吉駅に接続させ、都心方面へと運行した場合、東急東横線・副都心線経由も考えられるが、すでに「川越市」「所沢」「和光市」「元町・中華街」方面へと向かう列車が存在し、これに新横浜線からの「海老名」方面を加えると、かなり複雑化してしまう。

また、路線の中心である副都心線が飽和状態になってしまうため、私見ではあるが、南北線や都営地下鉄の三田線方面に向かうほうが、可能性が高いのではないかと考える。

都営三田線では、東急・相鉄新横浜線の開業を意識しているのか、２０２１年度に現状の６両編成から８両編成へ増やすことが予定されている。また東京メトロの２０２１年度の事業計画において、南北線でも2022年度より8両編成の列車を走らせることが発表された。

南北線でも駅やホームの有効延長が8両編成に対応できるようになっており、南北線に相鉄の車両が乗り入れてきてもおかしくない状況だ。

相鉄が新横浜線用に用意した車両は10両編成。これは副都心線方面を意識した編成形態ではあるが、8両編成としても運行が可能なシステムである。

相鉄直通に対して東京メトロがいまだに具体的な方針を出していないのは、おそらく、相鉄線が乗り入れてくることによって、より路線事情が複雑化してしまうことを懸念（けねん）しているのではないかと推測する。実際、過去には日比谷線〜東横線の直通が、副都心線〜東横線の直通が始まった際に、打ち切られた経緯がある。

もしも2022年以降に、都営三田線のみが相鉄線との直通運転を開始し、東京メトロの対応が遅れた場合、新横浜線との乗り換えや6両編成のままだとラッシュが激化する可能性があり、利用する立場としては、南北線は三田線に比べて冷遇されたという印象がつきかねない事態になる。

「相互直通運転」がひとつのウリといえる東京メトロにとって、この現状をどのようにクリアしていくのかは、ダイヤを制作するスジ担当者にかかっているであろう。

営団で初！ 旅行気分が味わえるクロスシートとは？

南北線では、駅でホームドアを使用することや、ATO自動列車運転装置を併用したワンマン運転（乗務員が運転士1人で車掌の業務も兼任する）がおこなわれている。開業当初から使用されている9000系は、これらに対応するためにさまざまな試みがなされ、営団地下鉄（現・東京メトロ）が21世紀に向けて送った「未来派の地下鉄」といえる「7号線ビジョン」と題して製造された。

自動運転やホームドアなどの技術的な視点や安全性については前述したので、ここでは利用者目線でお伝えすることにしよう。

まず、車内のロングシートだが、バケットタイプのものを本格的に採用した。これはロングシートに1人分ずつ窪（くぼ）みをつくり、7人がけであれば、きちんと7人分のスペースが確保され、座れるように促（うなが）したものである。

実は、南北線車両で採用する前に、1989（平成元）年から丸ノ内線や有楽町線車両において試験的に導入されていた。その結果、着席マナーに効果が出たことで、9000系にも本格的に導入されたのだ。

また、このころからバリアフリーの観点によって車いすスペースが確保されるよ

9000系デビュー当時／東京メトロ提供

うになり、非常の際、乗務員に連絡ができる対話式の非常通報装置も搭載された。

さらに旅客サービスとして、地下鉄としては画期的なサービスを導入している。車端部寄りの座席を向かい合わせたクロスシートが採用されたのだ。

クロスシートといえば、国鉄の長距離列車などがイメージでき、筆者にもいろいろな思い出がある。現在ではＪＲや大手私鉄の特急型列車に使用されていることが多く、都心へ戻る通勤電車の地下鉄車両に対して、このクロスシートが採用されたのは衝撃的であった。

「南北線建設史」（東京メトロＨＰで公開されている）には「また、ロングシートよりもクロスシートを好むお客様もいることか

車端部にあったクロスシート／東京メトロ提供

ら……」と書かれていた。南北線の題した「7号線ビジョン」という新しい発想によって、当時の営団地下鉄が、この車両に力を注いでいたことがみてとれる。

南北線が全線開業し、浦和美園駅〜日吉駅までの通し運転が始まると、所要時間は1時間17分となり、クロスシートでゆったりと移動したくもなるだろう。

しかし、通勤時間帯は他人同士が2人ずつ座ることになるため敬遠されてしまったという話も聞く。

実際、このクロスシートはあくまで試験的に導入されたようである。増備車両からは通常のロングシートに変更され、クロスシートが設置された開業当初の車両についても、リニューアル工事により、通常のロングシートに取り替えられたという。

現在は残念ながら、南北線でこのクロスシートをみることはできない。

PASMOの前身！ 画期的だったNSメトロカード

南北線が最初に開業した当時、区間は赤羽岩淵駅〜駒込駅間で、接続する鉄道路線は、王子駅で京浜東北線や都電荒川線があり、駒込駅では山手線があった。

いずれも他社線であり、メトロネットワークといわれるような営団地下鉄の路線とは、1か所も接続する駅がなかった。他の営団路線と接続できるようになったのは、1996（平成8）年の駒込駅〜四ツ谷駅の延伸開業からである。

当時、営団の駅で使用できる自動券売機にて、乗車券の購入が可能なプリペイドカード「メトロカード」が利用されていたが、JR東日本では券売機で乗車券を購入せず、自動改札機に直接カードを挿入して利用できる「イオカード」が主流であった。

これに対して営団は、当時の南北線が独立した路線であったことから、この自動改札機に直接挿入して利用できるシステム「ストアードフェアシステム」を採用。

南北線に当時導入された「NSメトロカード」／東京メトロ提供

これからの新しい地下鉄を南北線から創造するという「7号線ビジョン」の一環で、1991（平成3）年より「NSメトロカード」として販売された。

なお、NSとは「南北（North South）」と「新サービス（New Service）」のダブルミーニングである。

南北線の赤羽岩淵駅～駒込駅のみでしか利用できなかったが、好調な売れ行きで販売開始から1年経った1992（平成4）年度のNSメトロカードの発売実績は、約3万2000枚、5456万5000円にまでなる。なお、従来のメトロカードは、他の営団路線と同様に南北線内の券売機でも利用可能だった。

運用面でもとくにトラブルがなかったこ

とから１９９６（平成8）年3月からは、当時の営団地下鉄全線と都営地下鉄全線も含めた共通のストアードフェア（Stored Fare）システム、つまりカードに運賃を貯めておく乗車カード「ＳＦメトロカード」を導入し、販売を開始している。

２０００（平成12）年7月からは、のちの「ＰＡＳＭＯ」につながる私鉄17社共通カード「パスネット」の運用が開始され、営団地下鉄の「ＳＦメトロカード」も、これに加盟する形となった。

営団だけでなく、他の鉄道事業者もこれに加盟し、都営地下鉄の「Ｔ・カード」、西武鉄道の「ＳＦレオカード」、東武鉄道の「ＳＦとーぶカード」など自社路線だけでなく、相互直通をしている私鉄（ＪＲは除く）の駅でも、ＳＦメトロカードが利用できるようになった。

２００７（平成19）年からはいまではおなじみの「ＰＡＳＭＯ」が運用を開始し、ＳＦメトロカードは販売を縮小、自動改札機への利用も、２００８（平成20）年３月14日までで終了している。

利用者のＰＡＳＭＯへの移行が順調だったこともあり、東京メトロは、券売機の利用も２０１５（平成27）年3月31日に終了させた。利用終了に伴う払い戻しも、２０１８（平成30）年1月31日をもって終了している。

なぜ「ガタンゴトン」ではなく「サーッ」と走れるのか？

レールを設置して先へ延ばす場合、延長する距離やカーブ、ポイントなどの環境に応じて、レールを継ぎ足して延ばしていくという方法が一般的である。

レールとレールの継ぎ目には、双方のレールの窪みの部分に金属製の「継ぎ目板」を設置して、ボルトを通して固定している。この継ぎ目に列車の車輪が当たると「ガタンゴトン」という振動が生まれる。

レールの継ぎ目は気温によって伸び縮みするため、変形してしまう。過去には真夏の暑い日差しに照らされ続けたレールが大きく変形し、最悪の場合はそこを通過した列車が脱線してしまうこともあったようだ。

ちなみに東京メトロは、85％がトンネル内に軌道があることと、トンネル内に冷房が整備されている関係から、気温による変形は考えにくい。

南北線には保守環境改善と、乗り心地向上を目的にロングレールが使われている。全長25mで製作される一般的なレールに対して、ロングレールは全長200m以上で製造される。

レールを設置する際には、その継ぎ目を可能な限り少なくし、または継ぎ目部分

ロングレールが使われている後楽園駅〜飯田橋駅間／筆者撮影

を溶接することでなくしているので、乗り心地や安全性はぐっと向上する。

日本で初めて採用されたのは、１９６４（昭和39）年10月1日に開業した東海道新幹線からだった。ロングレールは高速で走る新幹線のような鉄道には不可欠で、この方法が開発されていなかったら、日本の鉄道の歴史はいまとはまったく違ったものになっていただろう。

東京メトロでも設置可能な場所（直線、または半径１６０m以上の軌道）へはロングレールへの置き換えを進めていたが、南北線で採用されているロングレールは、ポイントなどの継ぎ目が必要な部分以外はすべてロングレールが使われているところに特徴がある。

市ケ谷駅〜飯田橋駅〜後楽園駅〜東大前駅〜本駒込駅〜駒込駅にいたっては、５・９１７km

にも及ぶロングレールが使われているのだ。

ちなみにロングレールの溶接には、ガス溶接、テルミット溶接、エンクローズアーク溶接などケースに応じて多彩な方法があるが、南北線ではガス溶接を採用している。

南北線に乗っていると「ガタンゴトン」という音はあまり聞こえてこないが、鉄のレールの上を車輪が走る「サーッ」と爽やかな音が響いているのがわかる。

近年開業した副都心線にも、南北線と同様に開業時からロングレールが使われている。現在はその他の路線でもロングレール化が進められている状況だ。

東京メトロの路線から「ガタンゴトン」という音を聞くことも少なくなるだろう。そう考えると少し寂しい部分もあるが、乗り心地が向上していくことを考えれば喜ばしいのは間違いない。

9 副都心線

ブラウンをまとってひた走る！
首都に開業した最新路線

和光市 F01
地下鉄成増 F02
地下鉄赤塚 F03
平和台 F04
氷川台 F05
小竹向原 F06
千川 F07
要町 F08
池袋 F09 M
雑司が谷 F10
西早稲田 F11
東新宿 F12
新宿三丁目 F13 M
北参道 F14
明治神宮前 F15 C
渋谷 F16 Z G

東京メトロ最後の新線開業となった〝歴史的〟理由

副都心線は、営団地下鉄（現・東京メトロ）が最後に建設した路線である。和光市駅から途中の小竹向原駅までは有楽町線と線路を共用し、小竹向原駅～池袋駅までは専用の線路を使用して有楽町線と複々線とする形で池袋にいたる。

なお、副都心線の小竹向原駅～池袋駅間は有楽町線の工事と並行して建設されたトンネルで、有楽町線が池袋駅から小竹向原駅まで開業した１９８３（昭和58）年ごろには、ほぼ完成していたようだ。

副都心線用の池袋駅が使用され始めたのは、１９９４（平成６）年の営団地下鉄時代だが、このときは副都心線と名乗らずに「新線」（有楽町線の一部）という名称で先行開業していた。

当時は小竹向原駅～新線池袋駅間はノンストップ運転であった。池袋駅～渋谷駅の建設が完了し、全線開業は２００８（平成20）年６月14日。現在は和光市駅～渋谷駅（20・２㎞）を結んでいる。

なぜ、副都心線が当時の営団にとって最後の地下鉄建設だったのか？　多くの地下鉄建設をおこなってきた帝都高速度交通営団（以下「営団地下鉄」）は、ふたつの

先行して開業した副都心線・小竹向原駅～池袋駅間
（当時は有楽町線の一部として開業）／東京メトロ提供

地下鉄会社「東京地下鉄道」と「東京高速鉄道」が合併して誕生した組織である。

東京都や政府なども出資している関係から「官・民」のふたつの性格をもつ特殊法人だった。当時「営団」と名乗っていたのは、地下鉄事業だけでなく、住宅営団、農地開発営団などが存在しており、いずれも戦時中に設立された国策に関わる事業といってもよいだろう。

終戦後に営団地下鉄以外の営団はすべて解散したが、地下鉄事業だけはその運営が戦争目的ではないと認められて「地下鉄を建設・運営していく」ことを理由に残された。

おそらく、高度成長期に向けて多くの地下鉄を建設していくためには膨大な費用がかかるため、営団地下鉄のような特殊法人のほうが、国が融資して一緒に事業をおこなうのに都合がよかったのだろうと推測される。

営団地下鉄が民営化（つまり東京メトロ）された理由としては、１９４１（昭和16）年に施行された「帝都高速度交通営団法」にある。

その第一条に「（抜粋）交通機関ノ整備拡充ヲ図ル為地下高速度交通事業ヲ営ムコトヲ目的トスル」とある。目的は「交通機関の整備とその運営」にある。

東京の地下鉄として副都心線が最後の新線建設といわれたように、営団地下鉄の目的であった「交通機関の整備」が完了する見通しが立ったわけだ。

営団地下鉄から代わった東京地下鉄（東京メトロ）の「東京地下鉄株式会社法」では、第一条「東京都の特別区の存する区域及びその付近の主として地下において、鉄道事業及びこれに附帯（ふたい）する事業を経営することを目的とする株式会社とする」とある。

お気づきであろうか？　営団地下鉄時代の目的であった「整備」が削除されている。東京メトロは、あくまで「旧営団地下鉄から引き継いだ鉄道事業を経営」することのみを目的としているわけで、新規路線を「整備」していくことはしないようなのだ。

ここで副都心線の開業を重ねてみると、営団地下鉄は副都心線開通の見通しが立ったことで目的を達成し、東京メトロに運営を移したという構図になる。

つまり、営団地下鉄は東京の地下鉄の基盤をつくり、現在の東京メトロはそれらを引き継いで運営していく会社というわけである。

ダイヤ乱れを正すため、開業後の駅で追加されたものは?

副都心線が全線開業したことで、北西部からは西武池袋線系統（西武有楽町線経由）と東武東上線が、南西部からは東急東横線・みなとみらい線が乗り入れている。

副都心線は、互いをスムーズに行き来させるのに大きく貢献している。そのため副都心線を走る列車種別も多彩で、各駅停車、急行（一部Fライナー）、通勤急行とあり、西武鉄道主体で土休日のみ運行する「S-TRAIN」もある。

また直通先で列車種別が変わるなど、かなり複雑な運行形態となっている。普段はとても便利で多彩な相互直通運転だが、ひとたびトラブルや遅延が原因でダイヤが乱れると、直通している他社線にまで影響を与えてしまうのがネックだ。

とくに副都心線のような路線では、みなとみらい線で遅延が発生した場合、東武東上線や西武池袋線の列車にも影響を与えてしまう恐れがある。

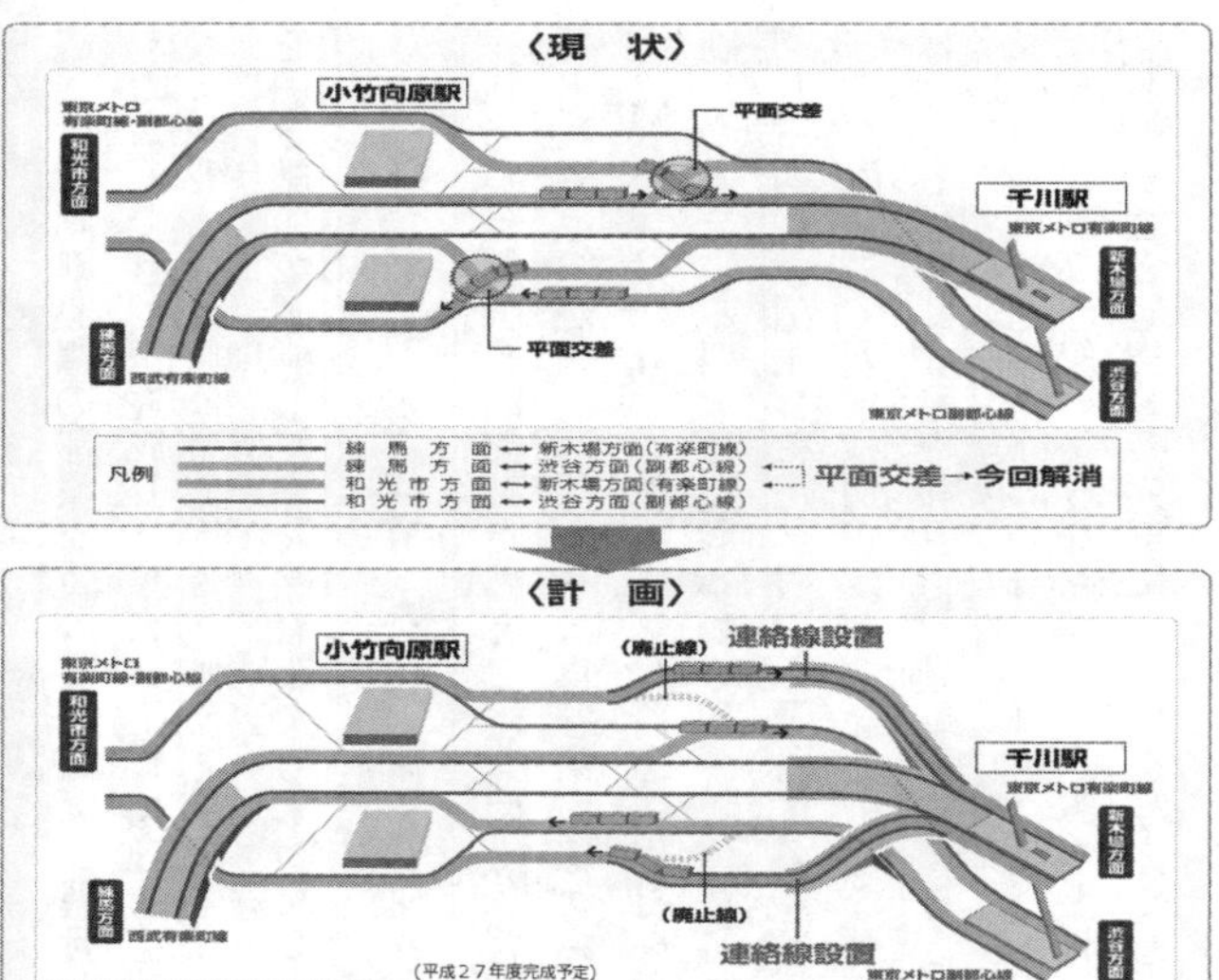

土木学会で使用された小竹向原駅配線図のイラスト／東京メトロ提供

例えば、西武池袋線系統と有楽町線とが分岐する小竹向原駅では、列車種別や発車順序、直通先への連絡などのやりとりが複雑で、2008（平成20）年6月のダイヤ改正当初は遅延が多かった。

ダイヤの乱れで急行列車を待避させ、各駅停車を先に通すという事態も発生し、利用者からの不満の声も多くあった（この時点では東急東横線・みなとみらい線との相互直通運転はされていない）。

また、直通してきた他社車両の不具合も多発し、終日に

現在の小竹向原駅のホーム／筆者撮影

わたってダイヤが乱れるという事例も少なくなかった。そのたびに、分岐点である小竹向原駅を中心に副都心線では混乱が続き、その影響で並行している有楽町線と直通先の路線も混乱するという、相互直通運転の最大の弱点が露呈してしまっていた。

原因は、小竹向原駅と千川（せんかわ）駅間の副都心線と有楽町線の線路配置にあった。開業当時は、有楽町線と副都心線の列車を「シーサースクロッシング」と呼ばれる平面交差する分岐器で、ひと列車ごとに行先別に振り分けて運転する方法がとられていたため、ダイヤの乱れが発生すると待避せねばならない列車も出ていた。

つまり、2方面から来た列車を2方向に分ける必要からどちらかの路線で遅延が発生した場合、互いに悪影響を受けるため、複雑な種別と発車番線の変更により混乱を招き、トラブルにつながってしまったのだ。

しばらくはダイヤ改正などの対策をしてしのいでいたが、抜本的な改善策として新たなトンネルを建設し、副都心線と有楽町線の列車が互いに平面交差をしない方法を打ち出した。

東京メトロにとって、新線開業は会社の命運に関わる重要事である。その新線開業に伴って頻繁な遅延トラブルが発生してしまったのは、重大なデメリットになってしまうはず。

しかし、人の流れや運行パターンはある程度予測できるが、蓋(ふた)を開けてみなければわからないというのが本音であろう。二度手間になっても、必要であれば新たに巨額投資をしてでも、トンネルや線路も追加する。

そうした利用者目線に立った姿勢には、心から敬意を表したい。

副都心線に「特急車両」が登場する可能性は?

最近の相互直通運転をみていると、東京メトロの路線を通じてさらに先へ直通運転する形が多くなっている。前述した千代田線では、常磐(じょうばん)線と小田急線に相互直通運転をおこなっている。

過去の例では、メトロの車両は常磐線や小田急線を通して運転されることに対して、常磐線や小田急の車両は千代田線内で終点となり、その先へは乗り入れていなかった（現在は常磐線・小田急線共に、両社へ通し運転可能な車両を準備して互いの線区まで直通している）。

副都心線に乗り入れている東武・西武・東急・横浜高速は、副都心線をパイプにして互いの線区まで直通しており、その多くが直通をメインとしたダイヤ設定になっているようで、駅で直通していく列車の頻度や種別の多さからみてもわかる。

西武鉄道が導入した「S-TRAIN」は平日に有楽町線へと乗り入れるが、土休日には観光客の利便性を高めるべく副都心線を通じて、みなとみらい線の元町・中華街駅まで乗り入れる。

さらに西武鉄道といえば、２０１９（平成31）年3月16日にデビューした特急「Laview（ラビュー）」が話題である。まるで、弾丸のような流線形の先頭部に周りの風景が溶け込むようなシルバーは、最近登場した鉄道車両のなかでも異彩を放つ存在だ。

一方、同じ日に和光市方向から直通してくる東武東上線では「川越（かわごえ）特急」の運行も開始された。従来からＴＪライナーとして使用されているクロスシート（197～198

ページ参照）が搭載された50090系で、東武東上線内の池袋駅〜小川町（おがわまち）駅間で運行されている。

渋谷方面から直通してくる東急電鉄も東横線ではないが、大井町線で2018（平成30）年の12月14日から平日の夜のみ有料着席サービス「Qシート」車両を連結した列車が登場。いずれもトンネルの向こう側の会社では、新たな輸送サービスを展開している。

西武・東武・東急・横浜高速（みなとみらい線）にとって副都心線の存在は、池袋や渋谷、新宿などの都心部エリアとつながる重要なパイプである。そのため、各社の看板列車が今後、副都心線に乗り入れてくる可能性は十分にある。

西武鉄道の「Laview」については地下鉄にも直通できるような規格で製造されていて、東武の「川越特急」も地下鉄直通を意識した50090系が使われている。

これらの車両が将来、副都心線に直通してきた際、東京メトロも「特急」または「座席定員制」を意識した車両を登場させるのだろうか？　現時点では、そんな話は出ていないようだが、長きにわたって使用されていた7000系車両（8両編成）の置き換え計画が浮上しており、新たな車両の製造が予定されているようだ。

17000系・東京メトロ2019年度（第16期）事業計画では、フリースペースの全車両設置を予定しているなどと公表している。筆者の希望ではあるが、今後は東京メトロの車両として優等車両（座席指定車両や特急用車両）の登場も願いたいところだ。

前述したとおり、南北線で実験的に一部クロスシートのついた車両が製造されたことがある。そのことから筆者は、東京メトロ初の優等車両の誕生を密かに期待している。

最先端技術と〝レトロ感〟を両立させた10000系

副都心線で使用されている10000系車両は、2004（平成16）年に営団地下鉄が東京メトロになって初めて導入した車両だ。2006（平成18）年に第一群である4編成が落成、2008（平成20）年に開業を控えていた副都心線向けとして製造されたが、当時は建設中であったため、有楽町線のみ暫定的に使用開始となった。

東京メトロは次世代に向けた標準車両として「快適性や使いやすさ、リサイクル性の向上、火災対策や車体強度の強化、製造メンテナンスコストの削減」など、実用面の目的を達成したうえで大胆なデザインを採用している。

まず、目につくのが丸みを帯びた先頭形状。多くの地下鉄車両は保安設備として

東京メトロ標準車両の10000系／筆者撮影

正面に貫通扉の設置が義務づけられている。そのため、その構造上の理由から流線形のような形状はつくりにくかったが、10000系では三次曲面（平面構造の物を加工して曲線を出す方法）を用いて製造された。

また、先頭車両は曲面ガラスを多く使用しているが、運転室部分はアルミブロックから削り出しを使用して、強度を十分確保している。車端部においてはコーナー部分の隅柱を三角形状として肉厚にした。

さらに、台枠から屋根側の構体まで貫通させて側面構体と接合する形をとったため、車体強度が増しているという。このことは相互直通運転区間での

現在10000系で運行されている東京メトロの「Fライナー」／筆者撮影

踏切事故対策にもなり、衝突時の破損を極力小さくすることもできるようだ。

10000系は東京メトロの標準車両としての立ち位置であるため、車体そのものに関してはアルミ合金製でダブルスキンと呼ばれる押し出し型材により製造されており、東西線用の15000系や千代田線用の16000系に受け継がれている。

デザイン面は先頭部の形状のほか「東京の地下鉄らしさ」の原点ともいえるイメージが随所にみられる。例えば警笛を真鍮（しんちゅう）製のトロンボーン笛（空気笛）にしているが、これは、1927（昭和2）年に製造された銀座線の1000形から2000形などに使用されていた警笛の種類で、「フォー」と鳴るのが特徴的である。

懐かしい音色を楽しめるほか、従来の電子ホーンに比べてコストも軽減できたようだ。車体外観は基本的にはアルミ合金車体無塗装だが、路線識別帯として副都心線のラインカラーと有楽町線のカラー、アクセントとしてホワイトの細帯を入れている。

　ホームドアの位置を意識してか、腰部の帯より屋根肩部の帯のほうに太く入っており、ホームドアが設置されているプラットホーム上でも「副都心線の電車」であることが認識しやすい。

　また、車内では「車内案内表示器」を液晶式ディスプレイ（15インチ）2画面で採用し、表示制御にデジタル方式を用いて鮮明な映像表示が可能になった他、ふたつの画面を用いることで、運行情報に加えて広告動画も表示可能となった。

　天井は中央部分と蛍光灯、空調ダクトが一体化したモジュールを採用したことで高くなっている。車両間に設置している貫通扉も全面ガラス化したことで、閉塞感のある車内空間が開放的な雰囲気になった。

　これらは約50年前に誕生した、千代田線用6000系の車内コンセプトにもつながるもので、ここでもまた「東京らしい地下鉄」という思想が実感できる。

　安全性の向上と最先端の癒やしを注ぎ込んだ10000系の誕生からおよそ10年。今後も、銀座線・丸ノ内線のような第三軌条方式（サードレールから電気を取る方式）の路線へは１０００系タイプ、日比谷線以降の路線は架空電車線方式（架線から電気を取る方式）の１００００系タイプが標準形式となるだろう。

現在、有楽町線車両の置き換えや半蔵門線への新型車両の導入計画が打ち出されており、これからも、東京メトロの標準車両として１００００系の役割は大きい。

ちなみに、１００００系は有楽町線内・副都心線内でＡＴＯ（自動列車運転装置）を利用したワンマン運転をおこなっている。自動での加減速や停止を実現させるため合計89回もの試運転をおこない、最終的には停止精度が５５０㎜以内（エラー率1％以内）となった。

安全性を第一に新たなスタンダードに取り組む東京メトロの姿勢は、他の鉄道事業者からもお手本とされているに違いない。

なぜ、東京メトロは車両改造費用を一手に引き受けたのか？

副都心線のように直通先のさまざまな会社の列車が往来するためには、保安装置や車両の規格を統一しなければならない。

とくに地下鉄は閉鎖された地下空間を走るため、安全性や災害対策について一層考慮しなければならず、より厳しい基準で統一されている（不燃化対策や先頭車両

東急電鉄から乗り入れてきた5050系／筆者撮影

の前面に貫通扉を設置することなど)。

最近では地上を走る鉄道車両の保安基準も厳しくなり、地下鉄車両との差は昔ほどなくなったが、保安装置や信号設備などの違いはいまだに調整が必要である。

千代田線と常磐線のように、あらかじめ直通運転が計画されていれば、ある程度の統一化はできるが、副都心線の場合、東武・西武・東急の本線系統は長年にわたってJR線のターミナル駅である渋谷・池袋・横浜が終点とされていたため、地下鉄へ直通していくことを考えておらず、独自の保安設備を採用していた。

そのため、副都心線との相互直通運転をおこなうにあたって、新たに副都心線を走るための保安装置を搭載しなくてはならず、その調整にも時間を要したという話を聞く。

横に並んだ白いボタンが、ATO（自動運転装置）ボタン／筆者撮影

それも当然のことで、いままで各自でやってきたスタンダードを崩して考えなければならないからだ。直通先の各社の立場を考えると「メトロが使用する保安装置に、なぜウチが負担して機器を追加しなければならないのか」と思うだろう。

副都心線の相互直通車両の規格については「直通車両の規格仕様に関する覚書」を、それぞれの会社間で交わしている。覚書には車両の寸法や性能に関する条件が書かれている。

車両改造費用などに関しては「副都心線建設史」によると、副都心線はお客様対策として可動式ホーム柵（ホームドアのこと）の設置、それに伴う運転方式はＡＴＯ・ワンマン運転が社内的にほぼ決定していたという。

従来から相互直通運転のあり方として、直通先の車両仕様については、車両保有者が機能を満たすことが「相直の精神」として暗黙のうちに合意されていた。

しかし、副都心線のみに使用するワンマン運転設備は東京地下鉄の効率化が目的であり、東武鉄道、西武鉄道では使用しない不要な設備であることから、全額費用負担することはできない。そのため、副都心線のみに使用するホーム柵対応・ATO・ワンマン運転設備に関わる費用は、協議の結果、東京メトロの負担となった。

東京メトロは「お客様の安全の最優先を基本として」導入を決めた可動式ホーム柵であることから、この問題で開業を延期するのは望ましくなく、「経営判断」として、東武・西武・東急・横浜高速の車両改造に対する初期費用を東京メトロが負担することになった。

しかし、現在は直通相手各社と共にホームドアの設置を進めており、今後ATOによるワンマン運転も開始することになれば、各社は車両の整備費を東京メトロに負担してもらって得をしたことにならないのかが疑問である。そのあたりをどう精算していくのか気になるところだ。

そして何より「お客様の安全の最優先」を貫いた東京メトロには感謝の意を表したい。

◉左記の文献等を参考にさせていただきました――

「東京地下鉄道史」乾、坤（東京地下鉄道株式会社）／「東京地下鉄道丸ノ内線建設史」上・下巻（帝都高速度交通営団）／「東京地下鉄道荻窪線建設史」、「東京地下鉄道日比谷線建設史」、「東京地下鉄道東西線建設史」、「東京地下鉄道千代田線建設史」、「東京地下鉄道有楽町線建設史」、「東京地下鉄道半蔵門線建設史」、「東京地下鉄道南北線建設史」、「東京地下鉄道副都心線建設史」、「営団地下鉄五十年史」（以上、帝都高速度交通営団）／「帝都高速度交通営団史」、「営団地下鉄建設技術史」（以上、東京地下鉄株式会社）／地下鉄博物館公式資料／メトロアーカイブ／東京メトロ公式資料／綾瀬～北千住開通記念パンフレット／地下鉄博物館・メトロニュース１９７９年№95／東武グループ長期経営構想・東武グループ中期経営計画２０１７～２０２０／三ノ輪延伸計画の路線図／浅草公園駅計画図面／土木学会第64回年次学術講演会資料「急勾配区間におけるロングレールの敷設に関する一考察」／埼玉高速鉄道線工事誌（鳩ヶ谷～浦和美園間）／「衆議院」（東京地下鉄株式会社法）／「帝都高速度交通営団法」（国立公文書館デジタルアーカイブ）／帝都高速度交通営団法原文／土木学会第65次学術講演会「東京メトロ小竹向原駅・千川駅間連絡線計画について」／「小竹向原駅配線図」土木学会で使用されたイラスト（図-2、図-3）／「運転協会誌」（日本鉄道運転協会）各号／「Subway」（日本地下鉄協会）各号／「鉄道ピクトリアル」（電気車研究会）各号／「鉄道ファン」（交友社）各号／「写真で見る西武鉄道１００年・ＮＥＫＯ ＭＯＯＫ」（ネコ・パブリッシング）／「とれいん」（エリエイ）各号／「鉄道ダイヤ情報」（交通新聞社）各号／１９６７年9月19日朝日新聞（夕刊）／「営団地下鉄車両写真集 ４Ｓを支えてきた車両たち」金子元昭（交通新聞社）／「東京メトロのひみつ」（ＰＨＰ研究所）／「ＲＭＭ」（ネコ・パブリッシング）各号／「パンフレットで読み解く 東京メトロ 建設と開業の歴史」東京地下鉄株式会社（実業之日本社）／マイナビニュース「東京都交通局と東京メトロを隔てた『九段下の壁』撤去完了後のホーム公開！」／ＡＮＮニュース「東京・九段下駅ホームの壁を撤去」２０１３年3月15日／東洋経済オンライン

KAWADE
夢文庫

東京メトロ
知られざる超絶！世界

二〇一九年八月一日　初版発行

著　者…………渡部史絵
企画・編集……夢の設計社
東京都新宿区山吹町二六一〒162-0801
☎〇三―三二六七―七八五一（編集）
発行者…………小野寺優
発行所…………河出書房新社
東京都渋谷区千駄ヶ谷二―三二―二〒151-0051
☎〇三―三四〇四―一二〇一（営業）
http://www.kawade.co.jp/
装　幀…………こやまたかこ
印刷・製本……中央精版印刷株式会社
DTP…………イールプランニング
Printed in Japan ISBN978-4-309-48520-1